AF359551

G.-H. NIEWENGLOWSKI

Principes de l'Art photographique

Avec figures dans le texte
dont plusieurs photocollographies et phototypographies

Prix: 2 fr. 50

PARIS

H. DESFORGES, ÉDITEUR

41, QUAI DES GRANDS-AUGUSTINS

1897

PRINCIPES

DE

L'ART PHOTOGRAPHIQUE

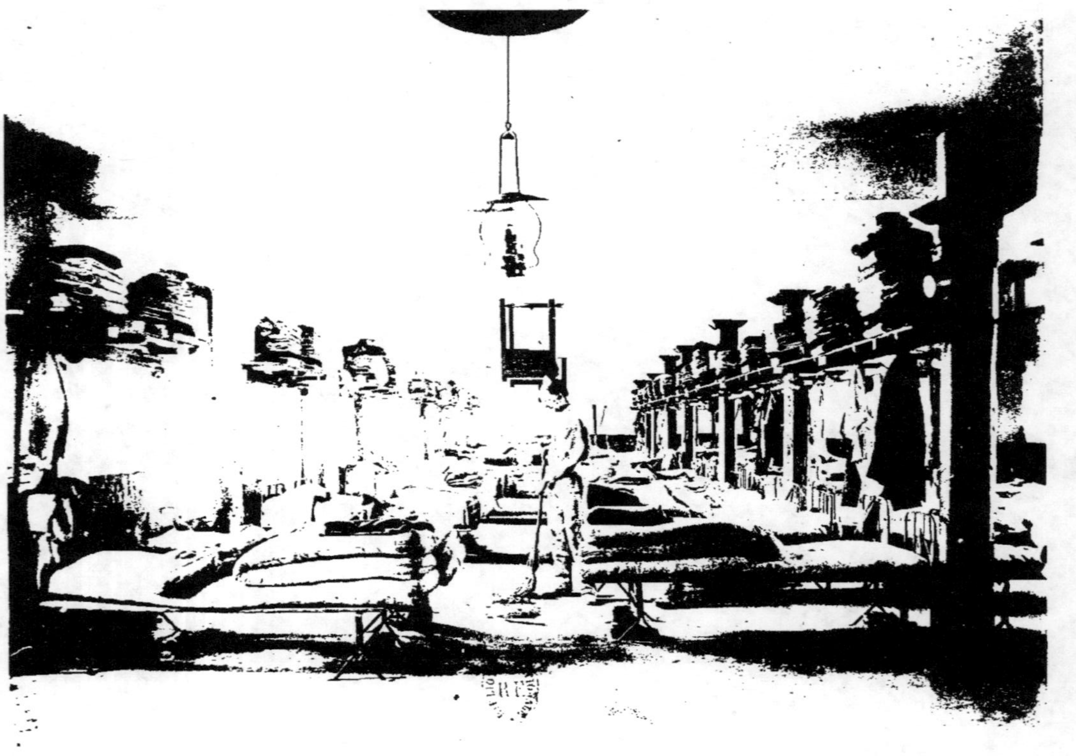

L'HOMME DE CHAMBRE

ANNALES PHOTOGRAPHIQUES

G.-H. NIEWENGLOWSKI

Principes de l'Art photographique

Avec figures dans le texte
dont plusieurs photocollographies et phototypographies

Prix: 2 fr. 50

PARIS

H. DESFORGES, ÉDITEUR
41, QUAI DES GRANDS-AUGUSTINS

1897

AVANT-PROPOS

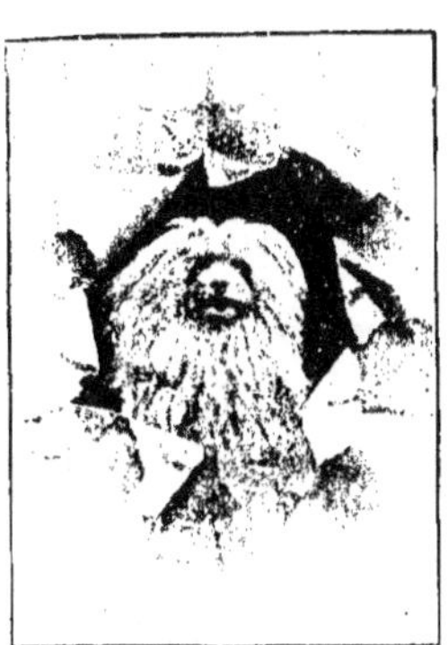

La photographie est-elle un art?

Voilà une question qui a soulevé bien des discussions que nous ne renouvellerons pas. Nous nous contenterons de faire remarquer à tous ceux qui l'ont abordée qu'ainsi posée elle ne peut être tranchée.

Ce qui est indéniable, c'est que la *photographie est capable de produire des œuvres d'art.* J'en prends à témoin les expositions d'art photographique inaugurées il y a peu d'années en Angleterre, en Autriche, en Amérique, en Belgique et en France par le Photo-Club de Paris.

Les ennemis acharnés de l'art photographique ont surtout reproché à la photographie de n'être que le résultat d'un *vulgaire mécanisme.* Il est facile de se rendre compte que loin d'être un défaut, ce reproche représente une qualité des plus précieuses de la photographie, si on a bien soin d'en limiter la valeur. En effet, la production d'une œuvre d'art comprend deux phases bien distinctes :

1° Le choix et la composition du sujet ;

2° L'interprétation ou la traduction.

Pour ce qui est de la première, qui empêche le photographe de choisir, s'il s'agit de paysages, le point de vue le plus heureux, le moment de la journée le plus propice quant à l'éclairage ? s'il s'agit de portraits ou de groupes, de choisir l'attitude du ou des modèles, l'arrangement des draperies? de modifier, par un jeu savant de rideaux, l'éclairage du modèle? La seule limitation que l'on puisse peut-être objecter est que le photographe n'est pas maître d'introduire un objet dans un tableau ou d'en éliminer une partie défectueuse ; et encore, comme le fait justement remarquer Horsley-Hinton [1], « bien que nous soyons incapables de déplacer un objet déplaisant de la « scène à reproduire, nous pouvons, avec un peu de réflexion et d'observa-

---

[1] Horsley-Hinton. *L'Art photographique dans les paysages.* Étude et Pratique. Paris, *Gauthier-Villars,* éditeur.

« tion, choisir un moment de la journée où le changement dans la direction
« de la lumière rendra ce même objet moins ennuyeux ou même le conver-
« tira en un élément d'attraction. » Et même, si nous suivons l'excellente
manière de faire de Gaston Plessy, il nous sera possible d'ajouter ou de
retrancher [1].

Pour ce qui est de l'interprétation, le photographe ne peut-il pas choisir l'appareil qui doit reproduire le sujet, n'a-t-il pas des latitudes dans la mise au
point, la conduite du développement, la retouche du négatif, le choix du procédé qui lui fournira l'image positive?

Le mécanisme existe bien, mais sur un seul point: la *mise en perspective*. A
moins de présenter le défaut désigné sous le nom de distorsion, l'objectif
permet d'obtenir une perspective mathématique.

Ce mécanisme, qu'on reproche à la photographie, n'est-il pas un avantage
énorme enviable par les peintres, qui sont souvent obligés de faire retoucher
et même de faire faire entièrement leur mise en perspective par des gens de
métiers qui emploient des constructions géométriques, c'est-à-dire opèrent
mécaniquement.

Mais l'art photographique, aussi bien que la peinture et tous les arts gra-
phiques, ne doit pas s'écarter de certains principes, qui servent de lien entre
la science et l'art. Ce sont ces principes, généralement peu connus des photographes, que nous nous proposons d'exposer, en laissant de côté tout ce qui
dépend du goût et du sentiment artistique personnel, c'est-à-dire le choix du
sujet, les règles de la composition, etc., sujets que nos lecteurs trouveront
admirablement exposés dans les ouvrages classiques de Robinson, d'Horsley-
Hinton, de Dillaye, etc.

---

[1] Voir: *La Manière de comprendre l'Art photographique*, de M. *Gaston Plessy*, dans le
numéro de juillet 1895 de *la Photographie*.

PRINCIPES DE L'ART PHOTOGRAPHIQUE

I

LA PERSPECTIVE GÉOMÉTRIQUE

DÉFINITIONS

La photographie permet de représenter sur un tableau plan les objets tels qu'on les voit, c'est-à-dire d'en donner des images capables de provoquer sur l'œil de l'observateur une impression aussi voisine que possible de celle que produirait la vision des objets eux-mêmes.

Or, les objets se présentent à nous avec les caractères, de *forme* et de *couleur*. La première est du ressort de la *perspective linéaire*, le second de la *perspective aérienne et chromatique*. Le photographe s'occupe de celle-ci en disposant,

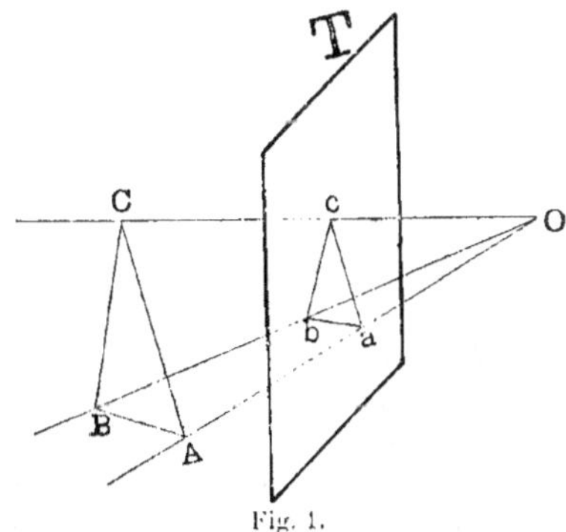

Fig. 1.

à l'atelier, un éclairage approprié, en choisissant, s'il travaille au dehors, le moment et le point de vue le plus propice, en combinant convenablement le temps de pose et la conduite du développement, etc.

Considérons l'œil d'un spectateur supposé réduit à un point O, son centre optique, placé devant une vitre transparente T disposée verticalement et que nous appellerons le *tableau*. L'œil O de l'observateur est le *point de vue* (*fig.* 1).

Soient A, B, C..... des points d'un objet quelconque vu à travers la vitre. Les rayons visuels OA, OB, OC, partis de l'œil O, rencontrent la vitre en des points *a*, *b*, *c*... Pour l'œil O, ces points *a*, *b*, *c*... semblent superposés avec les points *A*, *B*, *C*..., dont ils sont comme une sorte de décalque ; en regardant ces points *a*, *b*, *c*... l'œil a la même impression qu'en regardant les points A, B, C... L'ensemble des points *a*, *b*, *c*... constitue ce qu'on appelle la perspective sur le tableau T de l'objet A, B, C, par rapport au point de vue O. Si sur la figure *a*, *b*, *c*..., les couleurs étaient distribuées comme sur l'objet A, B, C..., l'illusion reviendrait complète.

Le plan horizontal sur lequel est supposé reposer le tableau par sa *base* ou *ligne de terre* XY, est le *géométral*. Les limites du tableau de chaque côté sont le *côté gauche* et le *côté droit ;* le plan horizontal (par

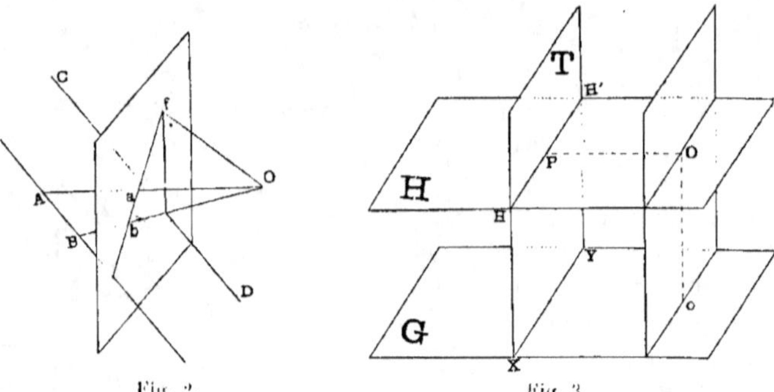

Fig. 2.Fig. 3.

suite parallèle au géométral), qui passe par le point de vue O, est le *plan d'horizon* qui coupe le tableau suivant la *ligne d'horizon* HH', horizontale (*fig.* 3).

La longueur de la perpendiculaire OP, abaissée du point de vue sur le tableau (distance du point de vue au tableau), est dite *distance principale* (son pied P est le *point principal de fuite*, ou simplement le *point principal :* c'est le point fixé par notre œil, quand il regarde perpendiculairement au tableau. Ce point jouit de la propriété que les perspectives de toutes les droites perpendiculaires au plan du tableau (*droites principales*) y passent; les perspectives de toutes les droites parallèles à une direction quelconque, telles que AB et CD, passent aussi par un *point de fuite f*, correspondant à leur direction, et qui est l'intersection avec le tableau de la droite parallèle à leur direction passant par le point de vue (*fig*. 2).

Léonard de Vinci comparait le tableau à une vitre ; on pourrait, au besoin, la réaliser et fixer dessus la perspective d'un objet, au moyen d'un crayon lithographique, qui mord sur le verre. Un procédé plus couramment employé pour réaliser la vitre de Léonard de Vinci, consiste à tendre parfaitement sur un châssis ABCD (*fig*. 4), une gaze fine

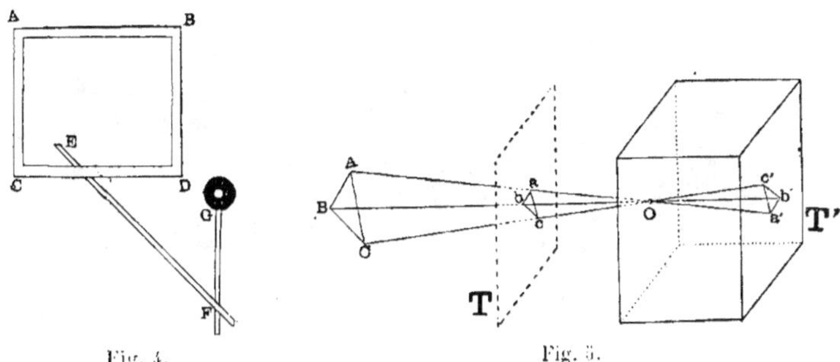

Fig. 4.　　　　　　Fig. 5.

et transparente. Le dessinateur, assis devant la gaze, ne se sert, pour observer, que d'*un seul œil*, « dont la fixité est assurée à l'aide d'un œilleton G, invariablement relié au châssis par deux tiges convenablement articulées GF, FE qu'on fixe à l'aide de vis de serrage, au début de chaque opération. Il voit ainsi les détails des objets extérieurs se dessiner nettement sur la gaze, et il en fixe les contours en les suivant sur cette gaze avec un fusain taillé [1]. »

Considérons un appareil photographique, une chambre noire munie d'un sténopé dont O est le trou (*fig*. 5) ; les points A, B, C donnent sur la plaque sensible pour images a′, b′, c′, dont l'ensemble constitue le phototype, négatif après développement sur lequel les valeurs sont renversées (*fig*. 6), les blancs de l'objet étant venus en noirs, les noirs en blancs. En outre, l'image est renversée ; regardant la couche sensible de gélatine du phototype, on voit à droite ce que l'œil, placé en O lors

[1] Commandant V. Legros, *Éléments de photogrammétrie*. — Paris, Société d'Éditions scientifiques. — Nous ne saurions trop recommander la lecture de cet excellent volume écrit avec une clarté et une simplicité qui le mettent à la portée de tous.

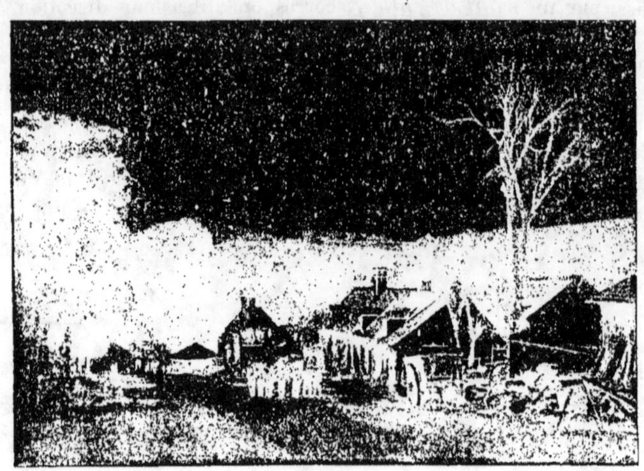

Fig. 6. — Phototype négatif. — H. Emery.

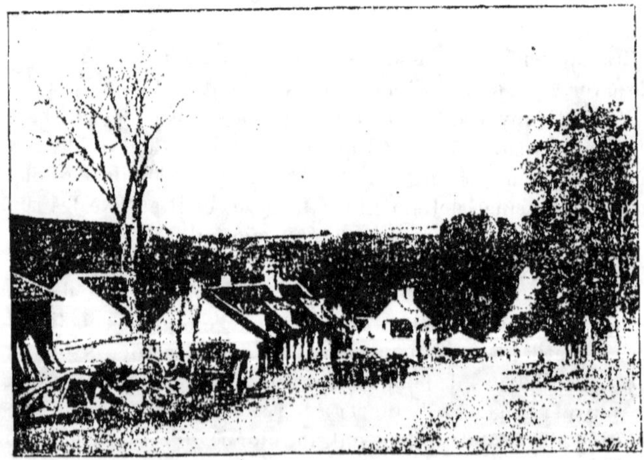

Fig. 7. — Photocopie positive. — Au cantonnement.

de la pose et regardant l'objet ABC, aurait vu à gauche et réciproquement Le sens vrai, ainsi que les valeurs des blancs et des noirs de l'objet, sont rétablis sur la photocopie positive (*fig.* 6 et 7). On se rend compte aisément que celle-ci peut être exactement superposée à l'image perspective *abc*, qui serait obtenue sur un tableau T, occupant, par rapport au point de vue O, une position exactement symétrique du tableau T'. Si, en particulier, l'image positive a été tirée sur verre, elle pourra remplacer exactement la vitre de Léonard de Vinci, et la photographie aura ainsi permis d'obtenir mécaniquement l'esquisse tracée au fusain, par le dessinateur, sur la gaze dont il est question plus haut.

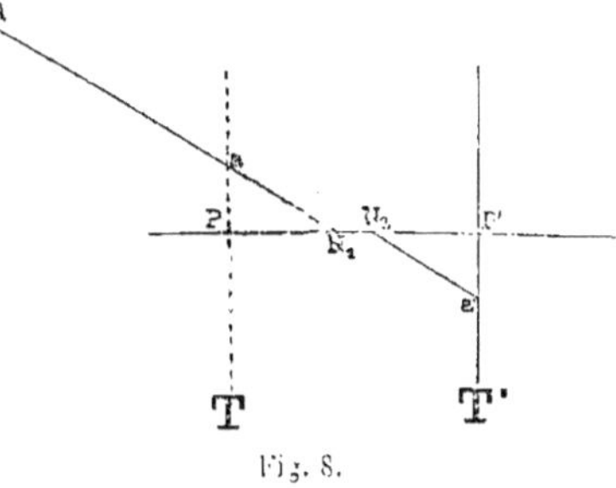

Fig. 8.

Nous n'aurons donc plus à nous occuper que d'elle.

La perspective donnée par un objectif quelconque ne diffère en rien[1]

[1] Soit en effet C le centre optique de l'objectif supposé mince. Un objet AB donne son image *a'b'* dans le plan conjugué de AB (*fig.* 9) ; un objet vertical CD placé plus loin donnerait

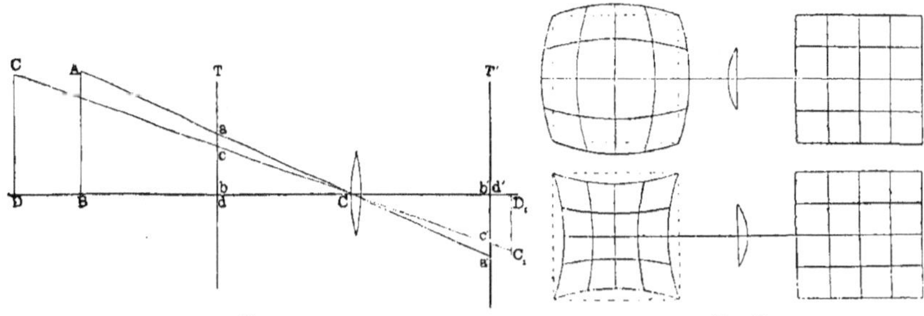

Fig. 9.

Fig. 10.

son image dans un plan DC, un peu plus éloigné de l'objectif C que *a'b'* ; mais l'intersection du cône de rayon lumineux issu de CD avec le plan à T*b'* donne une image de CD suffisamment nette si AB est assez éloigné de la lentille (à une distance égalant au moins cent fois la distance focale principale). On voit que si les objets AB et CD sont égaux, la perspective *c'd'* du plus éloigné de l'objectif CD est plus petite que la perspective *b'a'* du plus rapproché AB.

Rappelons que la distorsion est une déformation caractéristique des images qui proviennent de la localisation des faisceaux lumineux obliques par le diaphragme. Si on prend comme objet un quadrillage, on obtient la *distorsion en barillet* quand la lumière traverse le diaphragme avant le système convergent ; l'image a la forme représentée sur le haut de la de celle donnée par un « sténopé », à condition, toutefois, que cet objectif ne déforme pas les lignes droites, c'est-à-dire soit dépourvu de distension, il n'y a qu'une légère différence, due à l'existence des points nodaux.

Le rayon lumineux qui doit fournir l'image a' du point A (*fig.* 8), entre dans l'objectif en suivant une direction AN, passant par le point nodal antérieur N_1 et en sort selon une direction parallèle $N_2 a'$ passant par le point nodal N_2. Il est facile de voir que l'image positive est, cette fois, identique à la perspective de l'objet sur un tableau T, situé à une distance $N_1 P$ du point nodal antérieur égale à la distance $N_2 P'$, qui séparait le point nodal postérieur (ou d'émergence) de la plaque sensible T'.

Dans le cas d'un objectif rigoureusement symétrique, les deux points nodaux N_1 et N_2 sont confondus, et on est ramené au cas simple du sténopé ; le point O est alors le centre de l'ouverture du diaphragme.

C'est à tort que l'on entend dire souvent qu'un objectif grand angulaire donne une perspective fausse, qu'un objectif à court foyer donne des images trop petites, les lointains, qu'un téléobjectif ne donne pas de perspective, etc. Nous verrons plus loin à quoi tiennent surtout ces erreurs, dont nous ne verrons que deux causes maintenant.

Il y a entre l'objectif et l'œil d'un observateur une différence assez importante, c'est que le premier est fixe, le second, au contraire, peut se mouvoir de manière à changer la direction de son regard. Il en résulte que l'image d'objets photographiés vers les extrémités ou au-delà du champ visuel d'un œil supposé fixe, sont déformées : la sphère aura la forme d'une ellipse ; des personnes placées aux extrémités d'un groupe auront une largeur exagérée ; il y a donc là une question de limite dans le champ et partant dans le format, que nous examinerons à sa place [1].

Il est bien entendu, aussi, que la perspective est altérée si on ne prend pas le soin de vérifier que la plaque sensible est bien perpendiculaire à la base de la chambre, que celle-ci est horizontale durant la

---

figure 10 : on a, au contraire, la *distorsion dite en croissant*, quand le diaphragme est placé derrière l'objectif, l'image du quadrillage a alors l'aspect présenté sur le bas de la figure 10. Si l'objectif est un ménisque plan convexe, on obtient l'une ou l'autre déformation selon que le ménisque tourne sa face plane ou sa face courbe vers l'objet. — Voir G.-H. Niewenglowski. *L'objectif photographique* et *Notions d'Optique photographique*. — Paris, Société d'Éditions scientifiques.

[1] L'erreur provient aussi de ce qu'on donne souvent aux objectifs une profondeur de foyer exagérée qui fausse la perspective aérienne.

pose et que l'axe optique de l'objectif n'est pas incliné sur la plaque sensible; l'axe de l'objectif joue le rôle de la droite OP (*fig.* 3) (rayon de fuite principal).

Examen de l'image

RESTITUTION DE LA PERSPECTIVE

Quand on possède la perspective d'un objet on peut en faire :

Soit une *restitution précise, géométrique*, qui permet de résoudre sur un tableau perspectif tout problème dans lequel la forme de l'objet représenté doit entrer dans les données ou dans les résultats cherchés, la solution de ces problèmes intéresse les peintres pour l'exécution de leurs tableaux, les ingénieurs et les officiers pour les diverses questions concernant le levé des plans ; on sait tout le parti que le colonel Laussedat et le commandant Javary ont tiré dans ce sens des perspectives obtenues par la photographie [1];

Soit une *restitution visuelle*, opération que fait spontanément toute personne regardant un tableau.

C'est de cette dernière seule que nous nous occuperons ici.

Les divers traités de perspective indiquent que pour qu'un tableau donne exactement l'impression de l'objet réel, il faut absolument que le spectateur ferme un œil, cache avec la main les objets environnants et place l'œil resté ouvert exactement au point de vue.

Il n'est pas besoin de beaucoup d'observation pour voir que dans un musée ou une exposition de peinture, personne ne suit cette règle : on regarde, en général, un tableau avec les deux yeux, et il est bien rare qu'on se place exactement au point de vue ; celui-ci est, d'ailleurs, parfois si haut qu'on ne peut placer l'œil dans le plan d'horizon choisi par l'artiste ; parfois même il se trouve en dehors de la salle. En outre, on se déplace pour examiner les détails. Et cependant on n'en a pas moins une impression de réalité.

C'est que, comme nous l'expliquerons en détail plus loin, le déplacement de l'œil du spectateur ne cause pas de trop grandes déforma-

---

[1] On trouvera l'exposé des méthodes employées dans l'excellent ouvrage du commandant LEGROS : *Éléments de photogrammétrie*, édités par la Société d'Éditions scientifiques.

tions, et que, d'ailleurs, ces déformations ne détruisent pas l'harmonie du tableau. C'est aussi que la perspective n'a pas été faite d'un point de vue absolument fixe : l'œil du peintre est mobile et, d'ailleurs, au fur et à mesure qu'il achève son œuvre, il juge de l'effet produit en l'examinant avec les deux yeux ; c'est aussi que la distance principale est généralement assez grande : or, nous verrons que les déformations perspectives produites par le déplacement de l'observateur sont d'autant moins accentuées que la distance principale est plus grande.

Si le spectateur borgne et immobile des théoriciens est une pure chimère quand il s'agit de peinture [1], il n'en est plus de même, en général, quand il s'agit de photographie [2]. En effet, l'œil photographique, l'objectif, comme nous l'avons déjà dit, est fixe, et il est unique : la distance principale, qui est ici le tirage de la chambre (la distance focale de l'objectif), quand la mise au point a été faite sur l'infini (cas général des paysages) n'atteint jamais un mètre : elle est même généralement de quelques décimètres tout au plus.

Il en résulte qu'une image photographique doit, pour produire sur le spectateur la même impression que la vue représentée, être examinée avec *un seul œil placé exactement au point de vue*, c'est-à-dire sur une perpendiculaire à la surface de l'image, généralement élevée en son milieu et à une distance égale à son tirage. Si, durant la pose, le tirage (distance du verre dépoli au diaphragme, dans le cas d'un objectif symétrique) a été de $0^m,30$, de $0^m,40$, c'est à $0^m,30$, à $0^m,40$ centimètres de l'œil qu'il faudra placer l'épreuve pour l'examiner.

Le spectateur placé devant un tableau ou une photographie ne voit pas la surface plane sur laquelle est représentée la scène, mais *bien au-delà* de cette surface.

Reprenons la figure 1 (page 69) : l'œil regardant le tableau T voit non pas les points *a*, *b*, *c*, sur la surface même du tableau, mais les points A, B, C, dans la direction des rayons visuels *a*, *b*, *c* ; mais, comme tous les points situés sur la droite OA ont la même perspective *a*, sur le tableau T, il y a indétermination, et l'œil peut voir le point A recons-

---

[1] J'en prends à témoin *les Noces de Cana, le Repas chez Simon le pharisien,* de Paul VÉRONÈSE ; ou des tableaux de moindre format, tels que *la Messe au chœur de Notre-Dame,* de JOUVENET ; *l'Intérieur de l'église Saint-Pierre de Rome,* de PANNINI, etc.; il est indubitable que l'harmonie de ces compositions n'est nullement détruite quand le spectateur se déplace dans un sens ou dans l'autre, même d'une distance comparable aux dimensions de ces toiles: c'est, d'ailleurs, le cas bien connu du tableau de l'Archer visant à la fois tous les spectateurs, ou du joli portrait qui sourit à tout le monde à la fois.

[2] Nous verrons plus loin que le cas des projections est analogue à celui des tableaux.

5 en un point quelconque de la droite O*a*. Mais, s'il paraît y avoir
termination au point de vue de la théorie qui nous montre qu'à
même dessin perspectif vu d'un même point correspondent une
ité d'objets reconstitués, il n'en est pas de même dans la pra-
e. Grâce, en effet, à la distribution des ombres ou des couleurs (dans
is des tableaux ou des chromophotographies), aux connaissances
ises du spectateur, à l'éducation de son organisme, l'œil ne voit
n objet reconstitué.

pendant cet objet reconstitué (idéal), n'est pas toujours identique à
et représenté (effectif), les règles de la perspective aérienne et de
erspective chromatique étant rarement rigoureusement observées,
out en photographie.

a comprend donc la nécessité de deux perspectives pour obtenir
illusion exacte, si on peut s'exprimer ainsi, et, par suite, l'usage du
éoscope [1].

pendant on obtient une reconstitution exacte de la scène repré-
ée, avec une seule image photographique, lorsque, la mise au
t ayant été faite à l'infini, on examine l'image positive en se ser-
de l'objectif même qui a fourni le cliché comme d'une loupe,
age positive étant placée dans son plan focal.

and la mise au point n'a pas été faite à l'infini, on obtient la
ation d'un relief très voisin de celui de l'objet en regardant l'image
tive avec l'objectif même qui a fourni le cliché, utilisé comme
e et en plaçant l'épreuve positive dans une position symétrique
rapport au plan focal, de celle qu'occupait la plaque lors de la

rmations de l'objet reconstitué produites par le déplacement
de l'œil de l'observateur

us allons passer en revue les diverses déformations que subit la
tution visuelle d'un objet quand l'œil du spectateur s'écarte du
t de vue [2].

---

ir L. Cazes : *Stéréoscopie de précision*, Paris, Ph. Pellin, 21, rue de l'Odéon.
us ne ferons qu'indiquer ces déformations, renvoyant pour leur démonstration aux
s de perspective. On trouvera, dans l'intéressant opuscule de M. R. Colson : *La pers-
e en photographie*, édité par Gauthier-Villars, des tableaux renfermant les valeurs
riques des erreurs commises par le déplacement de l'œil.

Tout d'abord, quelle que soit la position de l'œil du spectateur, les verticales sont toujours restituées en verticales, et toute figure située dans un plan de front (plan parallèle au plan du tableau) est restituée dans sa vraie forme, et ses rapports de grandeur avec une autre figure située dans le même plan de front sont conservés. Il en résulte que, quelle que soit la position de l'observateur, les édifices gardent leur aplomb et les images données par la réflexion sur une nappe d'eau ne cessent pas de correspondre aux objets ; de même tous les objets dont l'attitude et la direction sont réglées par la verticale, tels que les arbres, les mâts de navires, les hommes et les animaux dans la station debout, sont restitués dans leur véritable direction.

Supposons maintenant que l'œil *du spectateur se déplace sans sortir du plan d'horizon*, c'est-à-dire du plan horizontal passant par le point de vue, en un mot, ne s'élève ni ne s'abaisse.

S'il reste à une distance du tableau égale à la distance principale, c'est-à-dire s'il se déplace latéralement devant le tableau sans s'en approcher, ni s'en éloigner, l'apparence des angles changera ; mais tout ce qui ne dépend que de la distance ne variera pas : c'est ainsi que deux personnages paraissant d'égale taille, quand l'œil est au point de vue, continuent à paraître d'égale taille.

S'il se déplace en profondeur, c'est-à-dire s'il s'approche ou s'éloigne du tableau, sur la ligne joignant le point principal au point de vue, l'appréciation des angles horizontaux est modifiée, et l'apparence des profondeurs perspectives est diminuée ou augmentée selon que l'œil s'approche ou s'éloigne du tableau.

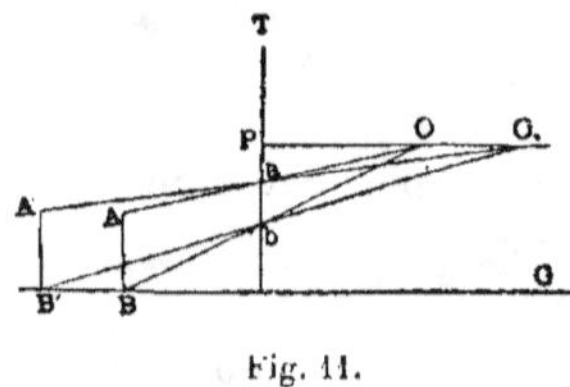

Fig. 11.

C'est ainsi que, sur la figure 11, la verticale AB qui a son pied sur le géométral et que l'œil placé exactement au point de vue O restitue en sa vraie position AB en regardant sa perspective *ab*, est restituée en une verticale A'B' plus éloignée du tableau et plus grande que AB ; c'est ce que les peintres expriment en disant que le reculement donne de la profondeur aux tableaux.

De ce que le déplacement de l'œil sur le plan d'horizon laisse les plans horizontaux et n'altère pas le rapport des segments d'une horizontale, il résulte que ce déplacement ne modifie pas par exemple la distribution des croisées sur un édifice.

Si l'œil se déplace en changeant d'horizon, c'est-à-dire s'élève ou s'abaisse par rapport au plan d'horizon, l'illusion d'horizontalité est détruite ainsi que celle des rapports. Les horizontales semblent s'incliner ; ainsi un tel déplacement fait-il apparaître les marches des perrons avec des girons inégaux, les croisées d'un édifice avec des largeurs différentes, etc.

Ce déplacement hors du plan d'horizon est celui qui entraîne le plus d'erreurs dans l'appréciation des objets représentés : il détruit l'illusion de l'horizontalité, des rapports et des angles, tandis que les autres déplacements entraînent surtout des erreurs dans l'appréciation des angles.

Cependant, quand la perspective est juste, et c'est le cas général de la photographie, les déformations produites par ce déplacement sont moins choquantes que quand elle est fausse ; il reste en effet une certaine harmonie : les parallèles restent parallèles ; le changement de largeur des fenêtres d'un édifice suit une loi régulière, etc., etc.

Ajoutons enfin que les erreurs de restitution produites par le déplacement de l'œil hors du point de vue sont d'autant plus faibles que la distance principale est plus grande.

Étendue de la surface utilisable du tableau. — Des panoramas

Une photographie devant être regardée avec un seul œil placé exactement au point de vue et ne se déplaçant pas, il en résulte que la surface utilisable du tableau, c'est-à-dire le format de la plaque, doit-être telle que l'œil puisse embrasser le tableau tout entier. On conçoit par suite que, pour une distance principale déterminée (pour un tirage déterminé de la chambre), le format ne doit pas dépasser une certaine valeur.

Les limites dépendent de l'angle embrassé par notre œil ; or, notre œil embrasse environ 180° en ligne horizontale, 150° selon la direction verticale. Mais en réalité la netteté de la vision diminue beaucoup dans les directions obliques, de sorte que l'angle maximum de netteté de la vision ne dépasse pas 90°. On peut en conclure que la surface utilisable du tableau doit être inscrite dans un cercle ayant pour rayon la distance principale ; cependant on donne généralement une limite plus étroite : la surface utilisable du tableau doit être renfer-

mée dans le carré obtenu en reportant la distance principale à droite
et à gauche, au-dessus et au-dessous du point principal et en joignant
les quatre points ainsi obtenus ; en un mot, on donne comme règle
habituelle que la surface utilisable doit être renfermée dans le carré
MNOP inscrit dans le cercle dont nous venons de parler ; c'est ainsi
que *abcd*, *a'b'c'd'*, par exemple, seraient des surfaces utilisables pour
une distance principale égale à OA (*fig.* 12) [1].

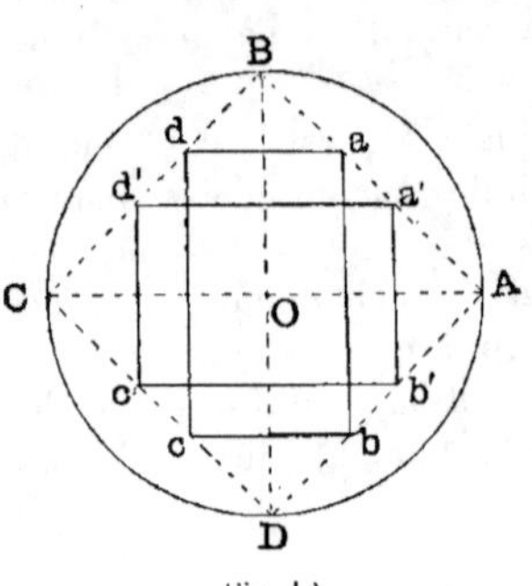

Fig. 12.

En pratique on est loin d'atteindre
cette limite ; le plus souvent, on se
contente d'un angle inférieur à 40°,
angle embrassé par la plupart des
objectifs. On en comprendra aisément
la raison si nous rappelons que, lors
de l'examen d'un tableau, le sentiment
de la nature de la surface doit disparaître pour donner l'illusion des objets
représentés. Or, « tant que ce sentiment subsiste, il se livre dans l'esprit
du spectateur, et à son insu, une lutte
entre l'illusion que l'artiste a cherché

à produire et la conclusion qu'il tire de ses impressions visuelles. Il sait
qu'il a devant lui un plan », et que ce n'est qu'en faisant un certain
effort qu'il se débarrasse de cette idée.

Dans cette lutte, les déformations des objets produites par la perspective — très sensibles sur les parties latérales d'un paysage trop
étendu — lui apparaissent comme des déformations réelles, et non
comme les véritables images des objets [2].

C'est ce qui explique pourquoi l'on doit rejeter autant que possible
l'emploi des objectifs grand angle c'est-à-dire embrassant un angle
supérieur à 60°.

D'ailleurs, dans certains cas, notamment lorsqu'il s'agit d'un portrait en buste, on n'utilise pas toute la surface indiquée par la règle
que nous avons donnée. Cependant il ne faut pas non plus que l'angle
embrassé par le tableau soit trop petit, que les dimensions de la surface utilisée du tableau soient trop faibles vis-à-vis de la distance

---

1 BRUCKE et HELMHOLTZ, *Principes scientifiques des beaux-arts*, un vol. de la Bibliothèque
scientifique internationale. Paris, Alcan éditeur. — Lambert proposait au contraire une
limite supérieure, correspondant au carré circonscrit à notre cercle.

2 BRUCKE et HELMHOLTZ, ouvrage déjà cité, p. 22.

principale; car alors l'image prend le caractère d'un paysage vu à travers une fenêtre.

En résumé, l'angle embrassé par un objectif doit autant que possible être compris entre 28° et 40°, au moins lorsqu'on ne vise que la production de photographies artistiques. Mais quand il s'agit uniquement de photographie documentaire, on peut faire usage des objectifs dits grand-angle, c'est-à-dire embrassant 70°, 80° et même 100°. D'ailleurs, si l'objectif est bon, dirons-nous avec le lieutenant-colonel Moessard [1] « la perspective sera correcte et se prêtera aux restitutions géométriques qui forment le domaine de la photogrammétrie; si même la distance focale n'est pas par trop courte, si l'angle embrassé n'est pas par trop grand, s'il ne dépasse pas 60°, par exemple, si de plus, l'opérateur a eu le soin de ne pas faire figurer trop près des bords de l'image, des objets de forme régulière bien définie, l'effet général peut n'être pas déplaisant. Quoiqu'on fasse cependant, l'ensemble est toujours faussé, et les détails dénaturés. J'ajoute que ces épreuves pseudo-panoramiques n'ont jamais, dans leur abondance trompeuse, ni l'amplitude, ni la vérité de rendu, ni l'égalité d'impression, ni la sincérité d'accent qui caractérisent à si haut titre les vues panoramiques proprement dites. »

C'est dire que lorsque la nature des choses représentées exige une surface de grande dimension, on doit renoncer à employer un tableau plan. Si on pouvait donner au tableau la forme d'une sphère creuse ayant comme centre O le point de vue, la différence qui existe entre les images situées au centre ou au bord d'un tableau plan disparaîtrait : les images seront également déformées de tous côtés. Au lieu de prendre une sphère, on doit se contenter de prendre comme tableau sur lequel on veut représenter un panorama, une portion de sphère, une zone annulaire ABCD, l'angle AOB, que l'œil peut embrasser, étant limité (*fig*. 13)[2]. Mais une telle surface sphérique serait difficile à donner aux préparations sensibles; on peut, sans erreur sensible, lui substituer un cylindre tangent à la sphère et à génératrices verticales, afin de ne pas déformer les verticales de la nature; une telle forme cylindrique a le double avantage de pouvoir être donnée aux pellicules

<hr>

[1] LIEUTENANT-COLONEL MOESSARD. *La perspective des peintres et la perspective des photographes. Annuaire général et international de la photographie*, 3° année, 1895, p. 135.
[2] Sur un tableau sphérique (ou cylindrique), il n'y a plus de *point principal* : quant à la ligne d'horizon, elle est représentée par le grand cercle, intersection du tableau et du plan horizontal passant par l'œil O de l'observateur.

sensibles et de pouvoir se développer sur un plan, ce qui facilite les diverses manipulations photographiques.

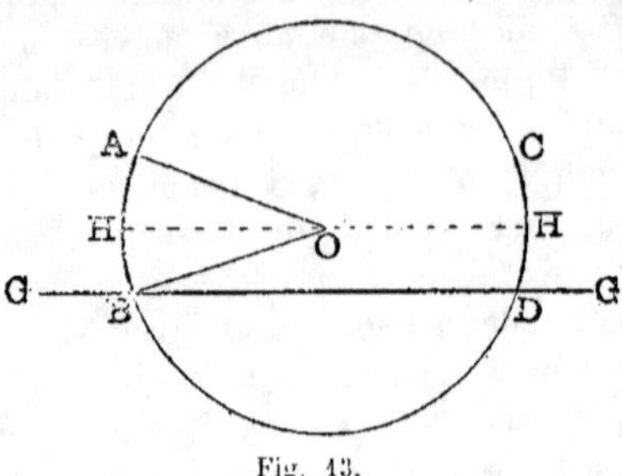

Fig. 13.

Rappelons qu'on a proposé un grand nombre de modèles de chambres panoramiques dont les plus usitées sont celles du colonel Moessard et de l'ingénieur Damoizeau; rappelons aussi, avec le colonel Moessard [1], que tous les appareils panoramiques connus se composent en principe d'un objectif dont le centre optique (ou mieux le point nodal d'émergence) est sur l'axe du cylindre formé par la surface sensible. Le rayon du cylindre est justement égal à la distance focale de l'objectif, qui se donne successivement vers les divers points de l'horizon et forme sur le paroi cylindrique une image continue de tout ou partie de cet horizon.

« Une vue cylindrique ne s'attaque pas, comme la vue plane au motif isolé, au site particulier qu'on embrasse d'un coup d'œil; ce qu'elle donne, c'est l'espace indéfini, où les aspects divers s'enchaînent, où les plans se soudent sans lacune, où la nature se déroule sans borne dans son harmonieuse variété. »

Bien entendu, pour que la restitution d'une telle vue soit correcte, il faut enrouler la photocopie positive sur un cylindre de rayon égal à la distance locale de l'objectif et placer l'œil sur l'axe du cylindre.

« C'est ainsi seulement qu'on recueille l'impression d'ensemble du panorama. Mais, lorsqu'après la première impression d'ensemble, on veut passer à l'étude des détails, il est loisible de dérouler le cylindre sur un plan; cela revient en effet à confondre en chaque point le cylindre avec son plan tangent et en raison du petit angle embrassé par le regard cette substitution n'a rien de choquant (colonel Moessard). »

D'ailleurs, l'emploi de tableaux plans peut être considéré comme l'utilisation d'une portion de sphère assez faible pour être confondue avec son plan tangent; la perspective sur un plan cesse d'être acceptable, nous l'avons vu, quand l'angle embrassé est trop grand, c'est-à-dire quand on ne peut faire cette confusion. On conçoit, avec cette con-

---

[1] Article déjà cité.

sidération, qu'on puisse photographier sur des surfaces planes une série de tableaux embrassant dans leur ensemble tout ou une bonne partie de l'horizon visible, puis les reporter sur la zone sphérique, ou plus pratiquement sur un cylindre.

Mais il faut, pour cela, que les diverses épreuves se raccordent bien, ce qui n'a lieu que si on fait tourner la chambre autour d'un axe vertical passant par le point nodal d'émergence de l'objectif; on a, dans ce but, imaginé un certain nombre de planchettes panoramiques; l'un des dispositifs les plus pratiques est la tête de pied Bardin [1].

Choix du point de vue

I. — *Choix de l'emplacement : iconoscopes et chercheurs*

Nous avons vu qu'il devait y avoir un certain rapport entre le format choisi (surface utilisable du tableau) et la distance principale. Les vues artistiques, avons-nous dit, embrassent généralement un angle inférieur à 40°, ce qui correspond à une distance principale, c'est-à-dire à un tirage au moins égal environ à une fois et demie la plus grande dimension de la plaque employée ; d'autre part, l'angle embrassé ne devant pas être trop petit, la distance principale ne doit pas dépasser quatre fois la plus grande dimension du tableau ; en général, nous pouvons remplacer l'expression *tirage* par celle de *distance focale*, surtout en envisageant le cas des paysages.

Avant de déterminer la position précise qu'on donnera au point de vue par rapport au tableau, à la plaque, il est nécessaire de choisir sa position par rapport à la vue qu'on désire photographier ; en un mot, chercher le point de station. Il est nécessaire, dans cette recherche, de tenir compte des observations suivantes :

1° En mettant de côté le cas de la stéréographie, l'œil photographique est unique ;

2° Jusqu'à ce que le problème de la photographie des couleurs soit pratiquement résolu, la photographie courante ne donne qu'une représentation monochrome des objets.

---

[1] Voir *La Photographie*, n° 61, 30 juin 1895, page 92.

Il sera donc bon d'examiner le sujet à reproduire, *avec un seul œil*, et on fera bien de l'examiner à travers un verre bleu un peu foncé ; celui-ci absorbant la plus grande partie des radiations jaunes et rouges, l'impression sera celle d'une vue monochrome.

On a, depuis longtemps, imaginé des instruments destinés à faciliter cette recherche de la station ; on les a nommés chercheurs ou iconomètres [1]. La première idée de cet instrument est due au peintre photographe Ziégler ; il a été perfectionné par M. de la Blanchère ; c'est le dispositif donné par ce dernier que nous décrirons ; il se compose (*fig.* 14) d'une petite chambre noire en miniature, ayant la forme d'une lunette. L'objectif CC, ou lentille achromatique, forme l'image des objets extérieurs sur un

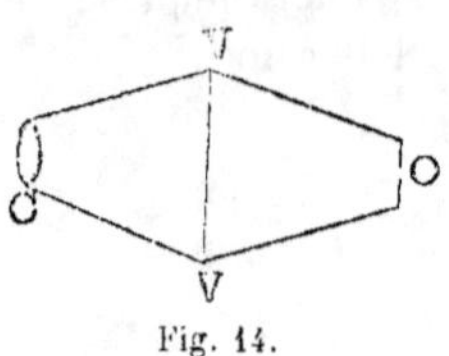

Fig. 14.

verre dépoli VV placé dans son plan focal ; un second tube de lunette VVO est accolé au premier par une glace dépolie, mais n'est muni d'aucun verre : il porte seulement à son extrémité une petite ouverture circulaire ; sorte d'œilleton où l'on met l'œil. Chacun des tubes CCVV, VVO, est en réalité composé de deux tubes à frottement, de manière à pouvoir mettre au point. La glace dépolie est ronde ; mais on y inscrit un rectangle dont les côtés sont dans le rapport de 3 à 4 ; et, sur deux de ces côtés, on trace une échelle ; il suffit alors d'établir la relation exacte qu'il y a entre l'image donnée par un objectif et la même image donnée par l'iconomètre pour savoir, grâce à l'échelle, la grandeur qu'aura, sur le verre dépoli de la chambre noire, l'image d'un objet vu à l'iconomètre, si on se sert de l'objectif essayé.

Un tel instrument sert à trouver le point de vue et à mettre les objets en plaque ; il donne la valeur juste de l'effet artistique et permet de choisir la station qui donnera le maximum d'effet pour un paysage donné.

D'après ce que nous avons dit plus haut, on voit qu'il serait bon, pour que cet instrument possède toutes les qualités désirables, de placer un verre bleu devant l'objectif ; c'est ce qui est fait dans l'*ico-*

noscope de Rossignol, fabriqué par la maison Hermagis. On verra
aussi, dans la suite, qu'il présente le défaut de supposer que le point
principal est juste au milieu de la plaque.

Examinons les divers changements d'aspect qui peuvent se produire
selon que l'on donne telle ou telle position au point de vue par rapport à l'objet.

Prenons, avec Vogel[1], un exemple simple, celui d'une caisse ouverte
dont le fond BC est vertical, et dont la paroi CD repose sur le sol

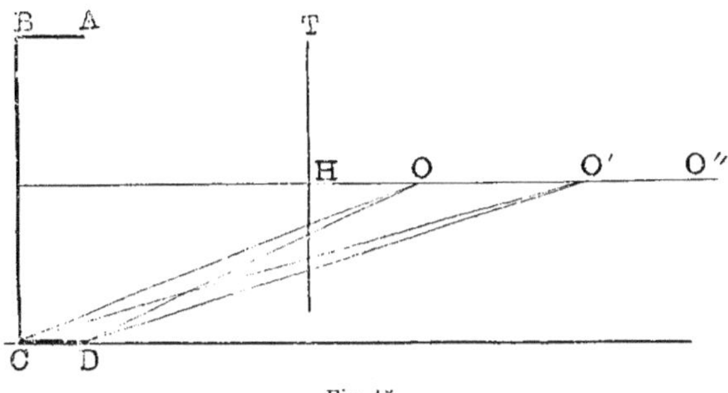

Fig. 15.

(*fig.* 15). Si on regarde cette paroi CD d'un point de vue différent O, O', O'',
elle paraîtra d'autant plus en raccourci que le point de vue sera
plus éloigné, plus en raccourci de O'' que de O', et de O' que de O; si
donc on la photographie de O'' et de O, la première photographie
paraîtra moins large que la deuxième, par rapport à la hauteur. Si BC
est le tronc, CD le pied d'un homme, ses pieds photographiés du
point O paraîtront plus longs que si on les photographie de O''. Il en
résulte que photographier une même personne de deux points de vue
différents, en s'arrangeant de manière à ce que le corps ait la même
dimension sur les deux épreuves « dans la photographie faite à la plus
courte distance, les parties saillantes (la poitrine, les mains, les pieds)
paraîtront plus larges; le plancher et le dossier du siège paraîtront
plus inclinés que dans la photographie prise du point le plus éloigné[2]. »

<hr>

[1] VOGEL, *La Photographie et la Chimie de la Lumière*, p. 106, Paris, Alcan, ouvrage
épuisé, remplacé par G.-H. NIEWENGLOWSKI, *la Photochimie et la Photographie*, un vol. de la
Bibliothèque scientifique internationale.

[2] VOGEL, ouvrage cité, p. 107.

La hauteur plus ou moins grande du point de vue au-dessus du sol
intervient aussi pour produire des aspects différents.

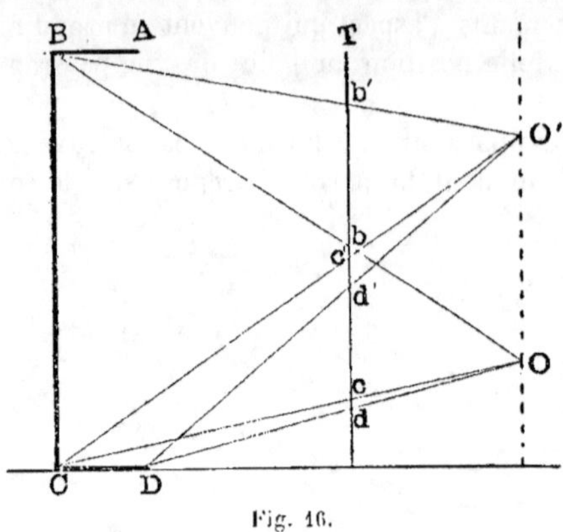

Fig. 16.

Reprenons notre caisse de tout à l'heure et supposons que l'on déplace le point de vue verticalement au-dessus du sol[1] (*fig.* 16); quelle que soit la hauteur du point de vue O au-dessus du sol, la perspective *bc*, *b'c'* de BC concerne une longueur invariable ; au contraire, la perspective *c'd'* de CD vue de O' est plus grande que la perspective *cd* de la même longueur CD vue d'un point de vue moins élevé O ; il en résulte que plus le point de vue sera élevé, plus la dimension de CD paraîtra grande vis-à-vis de celle de BC ; il est facile de voir les conclusions qu'on peut en tirer, si BC représente le corps d'un homme, CD un pied. Mais il faut prendre garde, comme le fait justement remarquer le commandant Legros, que « *l'abaissement de l'appareil* (du point de vue) *exagère l'importance des premiers plans immédiats, tout en diminuant celle de chacun des objets particuliers qui y figurent* ».

Il faut, en effet, tenir compte de ce que, l'angle embrassé par l'objectif étant constant, et son axe optique demeurant horizontal, la portion du sol représentée varie avec son élévation. C'est ainsi que (*fig.* 17) l'objectif étant en

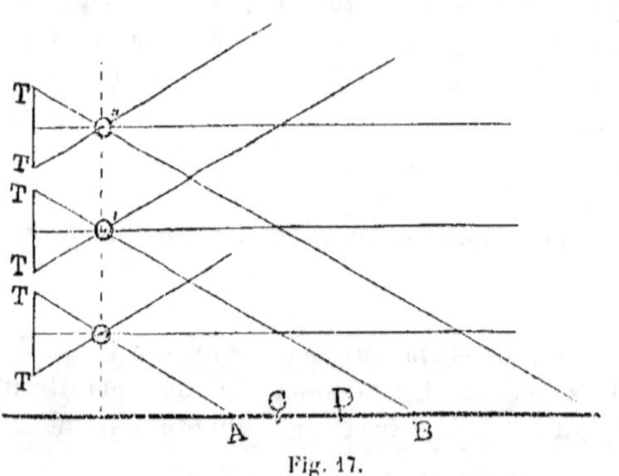

Fig. 17.

----

[1] Voir LEGROS, *Photogrammétrie*, p. 47 et 99.

O, la plaque TT contiendra une portion de terrain AS plus étendue que si l'objectif est en O′ plus élevé au-dessus du sol, en O′ ou en O″ ; cela n'empêchera pas que la perspective d'une longueur constante CD prise sur le sol sera d'autant plus longue que l'objectif sera plus haut. Il faut aussi tenir compte de ce fait que l'image d'un objet est d'autant plus grande qu'il est plus rapproché de l'objectif.

Aussi des cailloux placés sur le sol en A paraîtront sur la photographie plus importants que de gros rochers situés plus loin.

Mais le dessinateur ou le peintre y remédient en rognant la partie inférieure de leur tableau, de manière que la ligne d'horizon ne le partage plus en deux moitiés égales. On est ainsi amené à faire en sorte, contrairement à ce que nous avions supposé jusqu'à présent, que le point principal ne soit pas au centre du tableau. Nous sommes donc amenés à examiner la situation que l'on peut donner au point de vue, non plus par rapport à l'objet, mais relativement au tableau, à la plaque.

II. — *Choix de la position du point de vue par rapport à la plaque*
Iconomètres. — Chercheur focimétrique

La station d'où l'on veut opérer étant choisie, il s'agit de déterminer la position exacte qu'on donnera au point de vue, par rapport à la plaque.

La situation exacte du point de vue est déterminée : 1° par la position du point principal ; 2° par la longueur de la distance principale.

Nous avons supposé jusqu'à présent que le point principal était au centre du tableau ; il ne doit pas en être toujours ainsi — c'est en ce point qu'on place généralement le motif principal ; nous avons vu, en effet, que les objets dont le dessin perspectif est voisin du point principal donnent une impression plus réelle que ceux dont la perspective en est éloignée ; celui-ci ne doit pas, le plus souvent, se trouver au centre.

Quand on veut photographier à l'intérieur d'une église ou d'une grande salle quelconque, la ligne d'horizon doit évidemment se trouver au-dessous de celle qui partage le tableau en deux moitiés : le specta-

teur regardant l'édifice est supposé debout sur le sol de la salle.
On obtient ce résultat en élevant la planchette de l'objectif (*fig.* 18),

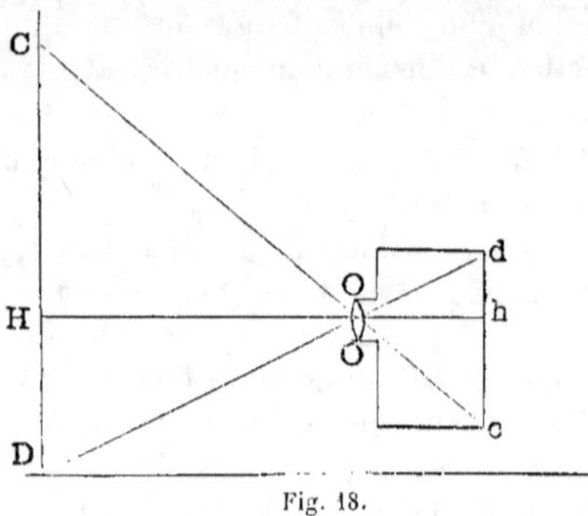
Fig. 18.

ce qui revient à abaisser la *ligne d'horizon h*. Au contraire, lorsque la scène à représenter a beaucoup de profondeur, on élève la ligne d'horizon (en abaissant la planchette de l'objectif) ; c'est le cas d'une vue panoramique de ville. Quant au *point principal*, il est généralement au milieu de la ligne d'horizon. Cependant, il peut aussi être déplacé latéralement, à droite ou à gauche du milieu de la ligne d'horizon, du côté où le tableau présente le plus d'intérêt, comme l'a souvent fait Le Poussin, l'autre côté étant rempli par des personnages ou des objets d'importance secondaire ; c'est ce que l'on fait aussi dans le cas où le tableau comprend des sujets d'architecture, pour éviter l'effet désagréable qui serait produit par une symétrie des lignes ; on obtient ce résultat en déplaçant latéralement la planchette d'objectif ; on a ainsi l'avantage d'obtenir le sujet principal avec le maximum de netteté, tandis que l'extrémité de l'image la plus éloignée du point principal est un peu moins nette à cause du flou produit par l'obliquité des rayons lumineux qui éclairent cette portion ; on obtient ainsi des effets très agréables, et les photographes devraient avoir souvent recours à ce petit artifice.

La position du point principal étant fixée, il s'agit de choisir la distance principale ; c'est-à-dire le tirage ou, plus simplement, la distance focale de l'objectif avec lequel on opérera. Comme il doit y avoir une relation entre le format et la distance focale principale qu'il faut employer pour que la vue choisie tienne sur le format de plaque qu'on veut utiliser, ou dont on dispose, il est donc nécessaire de posséder plusieurs objectifs ou des distances focales différentes ou, mieux, une trousse. Nous blâmerons, avec M. Davanne [1], la tendance fâcheuse qu'on a souvent de changer la « position pour trouver la grandeur

---

[1] *La Photographie*, traité théorique et pratique, I, page 85.

nécessaire ; on ne se rend pas assez compte alors qu'on modifie en même temps les effets, parce qu'on change les proportions relatives. » Ce qu'il faut changer, ce n'est pas l'emplacement, la station, mais l'objectif.

De faibles modifications apportées aux iconoscopes ou iconomètres que nous venons de décrire permettront d'en faire des instruments capables d'indiquer la distance focale que doit avoir l'objectif employé pour que la vue choisie trouve sur le format de la plaque ; inutile de dire que ces instruments serviront aussi à la recherche du point de station.

Nous extrayons de l'excellent *Répertoire encyclopédique de photographie* de La Blanchère la description d'un iconomètre, facile à construire, ainsi que la manière de le graduer.

Prenons un morceau de tube de cuivre mince, d'un diamètre de $0^m,250$ et d'environ $0^m,08$ de long, et fermons l'une de ses extrémités par une plaque métallique portant, montée à son centre, une petite lentille ayant $0^m,250$ de distance focale. Si dans le tube, à l'endroit où tombe le foyer de cette lentille, nous plaçons un verre dépoli, nous aurons construit une chambre noire en miniature. Si maintenant nous tournons l'extrémité qui porte la lentille en face d'une vue quelconque, nous en recevons une image nette sur le verre dépoli.

Coupons maintenant un disque de papier de même grandeur que le verre dépoli et faisons en son milieu une ouverture rectangulaire ; si nous le mettons en contact avec la petite glace dépolie, nous pouvons disposer le tout de manière que la totalité du sujet à reproduire soit compris dans l'ouverture rectangulaire et soit précisément ce que nous voulons qui soit reproduit et visible sur la glace dépolie de la chambre noire photographique.

Mais, par cela même, il est évident que, ayant une série de disques analogues, nous pouvons avoir en miniature la partie du sujet que nous voulons inclure dans une chambre noire quelconque, qu'elle soit grande ou petite. Or, le moyen de couper des diaphragmes convenables est très simple, et nous allons l'expliquer.

Si maintenant, au lieu de regarder par l'extrémité ouverte du tube, et de voir l'image à l'œil nu, nous fermons l'extrémité précédemment ouverte, y montant une lentille de distance focale d'environ 5 centimètres, nous n'aurons pas beaucoup augmenté le prix de l'instrument, sa grosseur et son poids, mais nous aurons singulièrement augmenté sa commodité, et nous lui aurons permis de rendre de grands services.

Dans ce cas, il devient nécessaire de diviser le tube en deux parties, afin de donner accès facile à la petite glace du foyer pour changer les diaphragmes, etc.

La figure 19 donne une juste idée de l'instrument. A est la plus courte partie du tube, portant la lentille objective C et la petite glace de foyer FF, qui s'appuie sur un petit cercle de métal indiqué en haut et en bas par des traits. Le tube oculaire B glisse dans le plus court A et retient D à sa place le diaphragme de papier, qui limite la portion visible du sujet ; O est la lentille oculaire à travers laquelle on regarde les images.

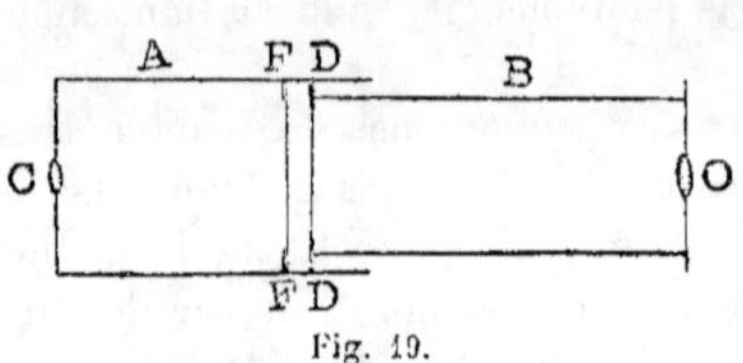

Fig. 19.

Indiquons maintenant comment on réussit à couper l'ouverture rectangulaire à ouvrir dans les disques de papier, de façon que la grandeur du sujet laissée visible coïncide avec celle qui sera incluse dans la chambre noire dont on veut recevoir et en vue de laquelle on opère.

Sur un diaphragme en papier, coupez une ouverture rectangulaire d'une grandeur quelconque, mais pas trop grande ; mettez ce diaphragme en position contre le verre dépoli de l'iconomètre ; montez la chambre noire et l'objectif pour lequel vous voulez régler l'iconomètre ; placez-la en face d'un objet et mettez au point avec beaucoup de soin. Maintenant, braquez l'iconomètre sur le même objet et du même point de vue, et notez minutieusement quelle portion de l'objet est *incluse dans l'instrument* ; alors mesurez sur *la glace dépolie de la chambre noire* la longueur de la partie de l'objet visible dans l'iconomètre et tirez une ligne égale à cette longueur sur une feuille de papier.

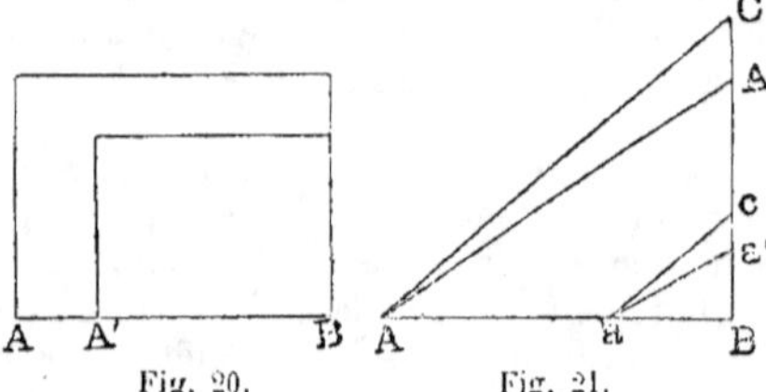

Fig. 20.   Fig. 21.

Supposons que l'objet visible dans l'iconomètre ait une longueur A'B sur le verre dépoli ABCD de la chambre noire (*fig.* 20). Tirez sur une feuille de papier deux droites rectangulaires AB, BA de longueurs respectivement égales aux longueurs AB, A'B du dépoli. Joignez AA'. Sortez alors le diaphragme de l'iconomètre et sur BA' prenez une longueur Ba'(*fig.* 21) égale à l'ouverture du diaphragme. La parallèle menée par le point a' à la droite AA' détermine sur AB la longueur Ba qu'il faut donner à la largeur du diaphragme pour que la partie visible dans l'iconomètre concorde exactement avec les deux côtés de la glace dépolie.

On peut de même déterminer la hauteur correspondante (*fig.* 21) en tirant CB égale à la hauteur de la glace dépolie de la chambre noire, tirant CA et menant CC parallèle à AC, cB est la hauteur cherchée.

Il est évident qu'un seul iconomètre et un certain nombre de diaphragmes correspondant au nombre d'objectifs qu'on possède permet de répondre à tous les cas qui peuvent se présenter.

Ommeganck a donné, en 1864, un autre procédé, plus simple, pour marquer sur le verre dépoli de l'iconomètre les rectangles servant à indiquer le rapport de l'iconomètre avec un appareil photographique quelconque. — Nous l'extrayons encore du même ouvrage de *de La Blanchère* :

Le rapport de la dimension des épreuves photographiques — quant à leur longueur et à leur hauteur — est généralement comme 3 est à 4 — la plaque entière, 18 centimètres sur 24. On trace sur un mur, ou bien, au moyen de quatre cordes ou de quatre lattes, on fait un carré proportionnel de 1ᵐ,80 de large sur 2ᵐ,10 de haut; on place devant ce carré un appareil de plaque entière; on l'avance ou on le recule, jusqu'à ce que le carré en question, étant mis au point sur la glace dépolie dudit appareil, corresponde exactement à la trace indiquant les dimensions de la plaque entière. Alors on prend l'iconomètre dont on retourne la glace avec le dépoli au dehors, on le tient au-dessus de la caisse de l'appareil, de manière que les deux verres mats se trouvent à la même distance de l'objet que l'on fixe, par conséquent dans le même plan, et on marque sur la glace dépolie de l'iconomètre la trace du carré sur lequel on pointe. Il est évident que tout ce qui se trouve renfermé dans le petit cadre tracé sur l'iconomètre se renferme nécessairement dans le cadre plus grand tracé sur le verre dépoli de l'appareil, plaque entière, et rien de plus; on procède ainsi successivement pour tous les appareils qu'on possède.

Il serait à conseiller d'avoir pour chaque appareil un petit verre dépoli correspondant séparé qu'on pourrait glisser dans l'iconomètre comme le diaphragme à coulisse, car la grande multiplicité de lignes pourrait quelquefois donner lieu à des erreurs. Sur le verre dépoli correspondant à la plaque entière on marquerait la plaque, le demi et le quart de plaque; sur les différents verres correspondant aux objectifs de grande dimension, on marquerait les divisions supérieures et les sous-divisions de la plaque entière. On obtiendrait par là l'avantage

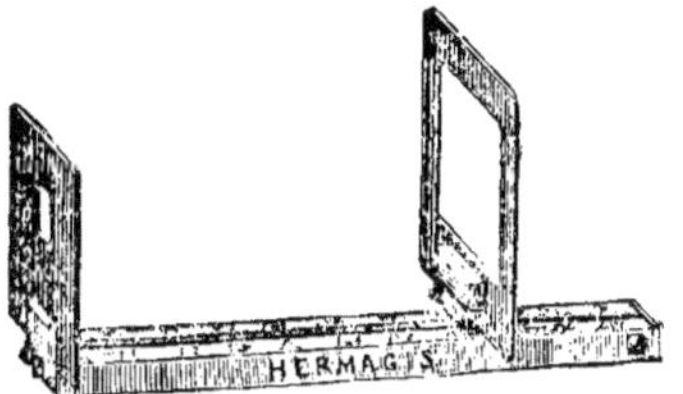

Fig. 22. — Chercheur focimétrique.

de pouvoir juger à l'instant, non seulement si tel ou tel appareil peut renfermer un sujet qu'on se propose de reproduire, mais même dans les limites on peut rigoureusement le restreindre.

Il existe dans le commerce, sous le nom de *chercheur focimétrique de M. Davanne* (*fig.* 22), qui a l'avantage de pouvoir servir pour tous les objectifs et tous les formats.

Il se compose d'une base graduée sur laquelle sont montées deux platines dont l'une est munie d'une ouverture contre laquelle on applique l'œil, et dont l'autre est une sorte de diaphragme dont l'ouverture rectangulaire a ses entrées dans le rapport de 3 à 4. Regardant ainsi un paysage à travers les deux platines, il apparaît encadré dans l'ouverture rectangulaire et, en faisant varier la distance des deux platines, on fait varier l'étendue du paysage visible. Quand l'étendue qu'on veut reproduire tient juste dans le cadre, on regarde sur la ligne graduée le numéro placé en regard d'un petit index que porte la platine mobile; il suffit de multiplier par ce nombre la plus grande dimension de la plaque, pour obtenir la distance focale à employer. Si, par exemple, ce nombre est 1,5, la distance focale doit avoir une fois et demie la plus grande dimension de la plaque; si celle-ci est du format 18 × 24, la distance focale de l'objectif à employer doit être de 24 × 12 = 0^m,36.

Application aux portraits

C'est surtout lorsqu'il s'agit de portraits qu'il est nécessaire de tenir compte des règles que nous venons de passer en revue.

Quand le photographe a choisi la grandeur qu'il veut donner à un portrait, il lui faut chercher la *distance focale principale* que devra avoir l'objectif qu'il utilisera; elle dépendra de la distance du modèle à la chambre noire. Dallmeyer [1] estime, avec raison, que cette distance doit être comprise entre 3^m,50 et 7 mètres; si elle est inférieure à 3^m,50, il est nécessaire d'employer un objectif à court foyer, c'est-à-dire embrassant un angle trop grand; nous avons déjà vu les inconvénients qui en résultent; nous en verrons d'autres, notamment dans le cas où l'image doit être observée directement; si elle est supérieure à 7 mètres, les images manquent de relief, par suite de l'influence de la fumée et du brouillard dont l'atmosphère des villes n'est jamais exempte et dont l'effet est d'autant plus fâcheux que la distance entre l'objectif et le modèle est plus grande.

En résumé, la meilleure distance est en moyenne de 5 à 6 mètres; la distance étant choisie, il sera bon de prendre un objectif de distance focale égale environ au double du grand côté de la plaque. Ainsi, pour faire un portrait du format 0^m,12 × 0^m,15, il se servira avantageusement d'un objectif, ayant une distance focale de 0^m,30; du format 0^m,20 × 0^m,25 d'un objectif ayant 0^m,50 de distance focale; c'est précisément avec un tel objectif qu'Adam Salomon obtint les plus admirés de ses portraits.

Quelle est maintenant la meilleure position à donner à la chambre? Si on se reporte aux règles données par Léonard de Vinci, il faudrait placer l'objectif à la hauteur des yeux du modèle; c'est à peu près la règle que donne Dallmeyer, d'après les photographes les plus expérimentés,

---

[1] S.-H. Dallmeyer, *Du choix et de l'emploi des objectifs photographiques.*

en disant que pour un portrait-carte ($0^m,08 \times 0^m,10$) obtenu avec un objectif de $0^m,20$ de foyer, le modèle étant à une distance de $5^m,50$, la hauteur du centre de l'objectif au-dessus du sol doit être de $1^m,50$; la planchette doit être élevée de $0^m,025$ de manière que la tête et les pieds soient équidistants des deux bords inférieurs et supérieurs du verre dépoli.

Dans le cas où, le recul étant insuffisant, on est forcé de prendre un objectif à plus courte distance focale, Dallmeyer recommande de modifier ainsi les données ; hauteur du centre de l'objectif $1^m,10$; élévation de la planchette antérieure $0^m,003$ à $0^m,0045$.

S'il s'agit de faire le portrait d'une personne assise, la chambre doit être placée plus bas.

Il faut encore tenir compte de la manière dont le portrait sera observé ; dans le cas notamment d'un format assez grand, si le portrait doit être accroché à un mur, à une certaine hauteur, la ligne d'horizon doit être placée dans la partie inférieure du tableau afin que la perpendiculaire abaissée de l'œil du spectateur sur le tableau ne tombe pas au-dessous.

On objecte à cette manière de faire, qui consiste à placer les yeux du modèle plus haut que l'œil photographique, qu'on obtient ainsi des vues de dessous d'un effet désagréable, mais on les évite en disposant convenablement le modèle ; nous dirons aussi avec MM. Brucke et Helmoltz[1] que « l'horizon bas sauve des épaules placées trop haut, des dossiers de chaise montant obliquement, des vues trop étendues de la table sur laquelle s'appuie l'un des bras ; toutes choses très défavorables pour un tableau accroché assez haut ».

Il arrive fréquemment que le photographe ne dispose pas d'un recul suffisant pour obtenir des portraits de grand format, en s'astreignant aux règles précédentes ; ou bien il lui faudrait pour obtenir directement de grandes images recourir à des objectifs à grande distance focale, qui sont très coûteux. H. Fourtier recommande dans ce cas de recourir aux télé-objectifs qui présentent de nombreux avantages à ce point de vue : il n'est pas nécessaire de disposer d'un grand recul pour obtenir directement des portraits demi-nature ou trois quarts nature ; en outre, la netteté des images données par un télé-objectif diminue quand le grossissement augmente ; or une trop grande netteté, comme le fait, à juste raison, remarquer Fourtier, fait ressortir d'une façon

---

[1] *Principes scientifiques des beaux-arts*, page 42.

fâcheuse les taches et accidents de la peau du modèle sur un portrait grand format.

Un mauvais choix du point de vue suffit à déformer un portrait et même à le tourner en caricature ; le journal bien connu : *Das atelier der Photographen* a, récemment, développé ce sujet et donne à l'appui de

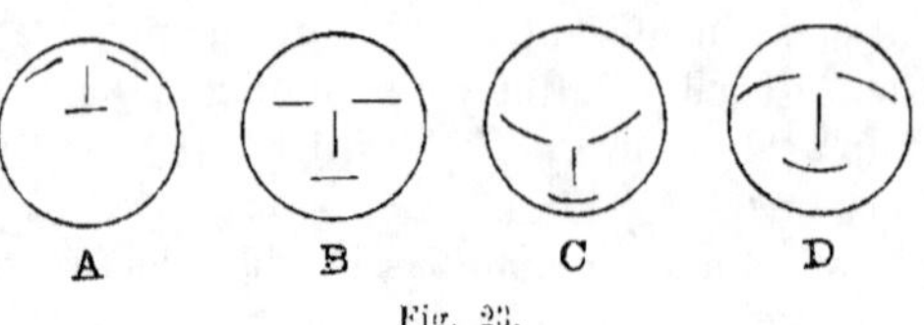

Fig. 23.

ses dires un exemple frappant : photographiant de divers points de vue une même bille de billard sur laquelle on a tracé des lignes représentant schématiquement un visage humain, on obtient les aspects représentés sur la figure 23 : l'image B a été obtenue à une très grande distance, l'image D au contraire à une faible distance ; sur la première la bouche est petite, les yeux rapprochés, tandis que sur la seconde la bouche est grande, les yeux écartés. Les déformations seraient plus accentuées s'il s'agissait d'un visage réel, qui renferme des parties déprimées (yeux) et des parties saillantes (nez).

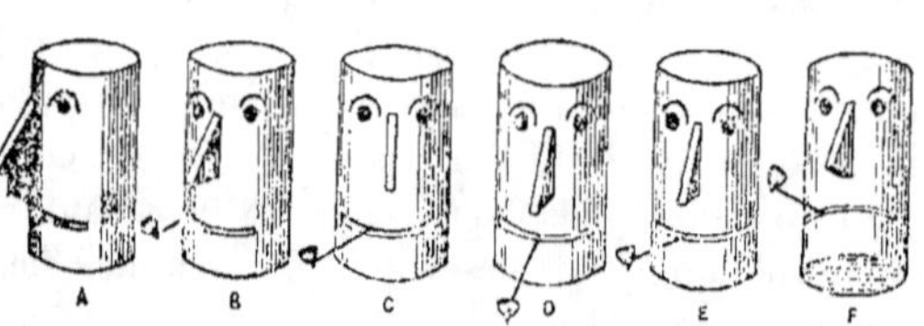

Fig. 24.

La figure 24, extraite de l'ouvrage classique de Klary : *Le photographe portraitiste*[1], montre aussi nettement l'influence du point de vue ; A, B, C, D, E, F sont des blocs de bois reproduits de points de vue différents.

Enfin, nous mettrons en garde nos lecteurs contre une faute grossière fréquemment commise par les photographes qui font usage de fonds peints, faute sur laquelle insiste avec raison M. J. Trail Taylor et que rappelle le commandant Legros, en oubliant de faire coïncider le centre optique (ou mieux le point nodal d'émergence) de l'objectif lors de la pose, avec le point de vue du fond ; il est facile d'éviter ce défaut en enroulant le fond sur deux cylindres et en l'élevant ou l'abaissant de manière à faire coïncider sa ligne d'horizon avec celle de l'objectif.

---

[1] KLARY, *Le photographe portraitiste*. Paris, Société d'éditions scientifiques. Nous devons cette figure à l'obligeance du directeur de la Société d'éditions scientifiques.

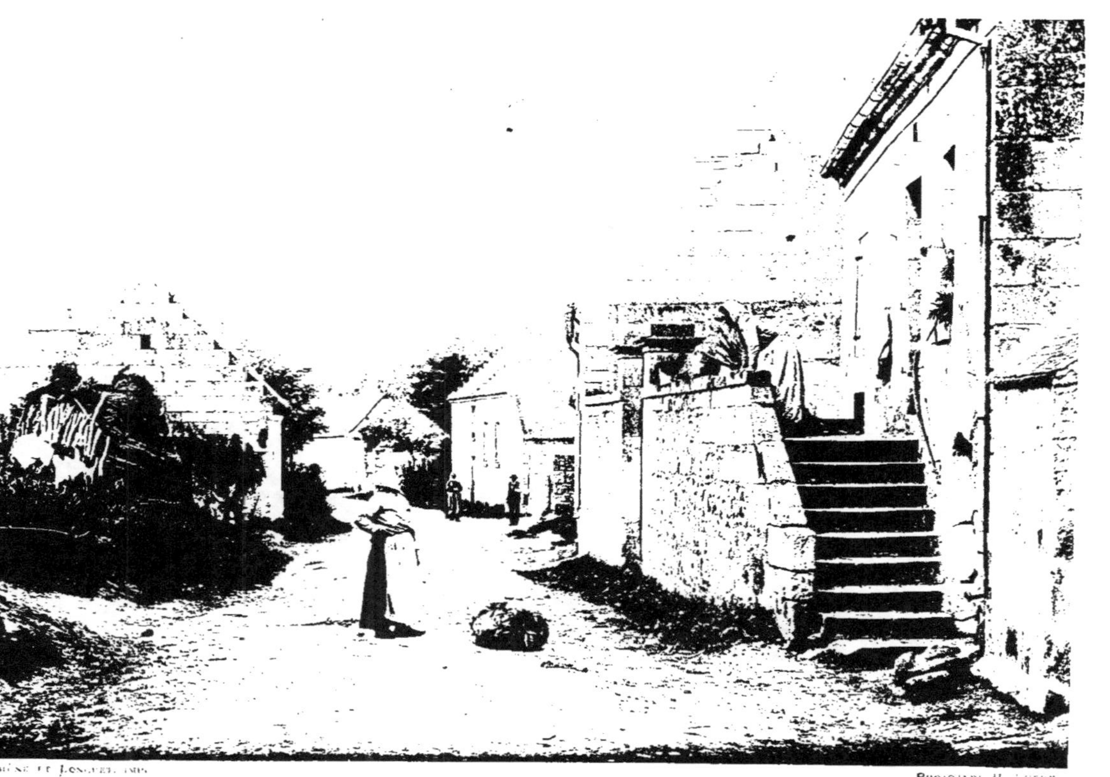

LA CAUSETTE AU VILLAGE

Comment on doit regarder une photographie. — Usage de la loupe. — Avantages des projections et des agrandissements.

Nous avons déjà dit dans quelles conditions (page 13), une image photographique devait être examinée avec un seul œil, placé exactement au point de vue, et les déformations de l'objet reconstitué produites par une mauvaise position de l'œil. Divers dispositifs peuvent indifféremment être employés pour obtenir l'effet maximum; ils ont tous pour but de supprimer la comparaison des dimensions du tableau

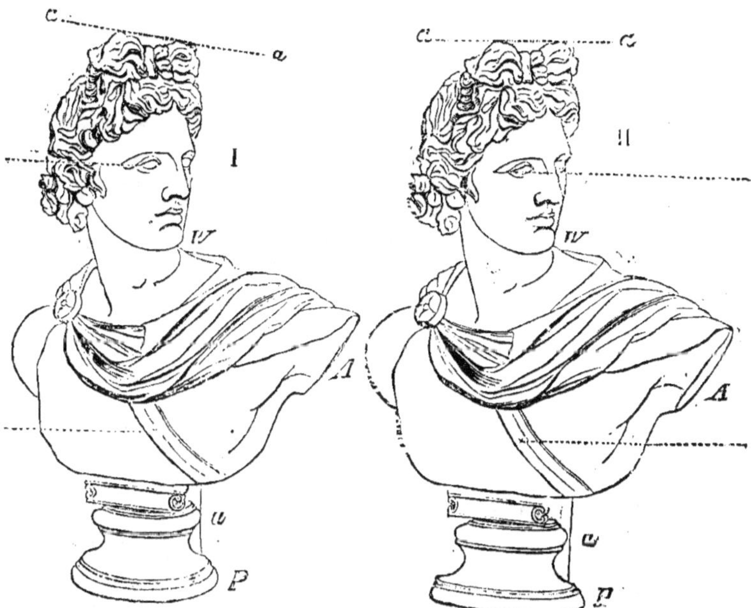

Fig. 25. — Photographies du buste d'Apollon prises à des distances différentes.
(I, à 1 m. 40; II, à 3 m. 4

avec les divers objets qui l'entourent et, par suite, de faire disparaître la sensation du plan de l'image pour ne laisser que celle de l'objet représenté.

Le premier dispositif consiste à monter l'image à observer, que ce

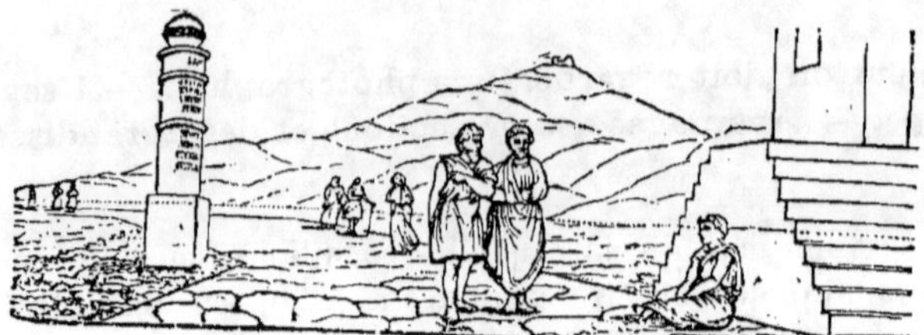

Fig. 26. — Paysage dessiné d'un point de vue situé à la hauteur des yeux
d'un homme assis.

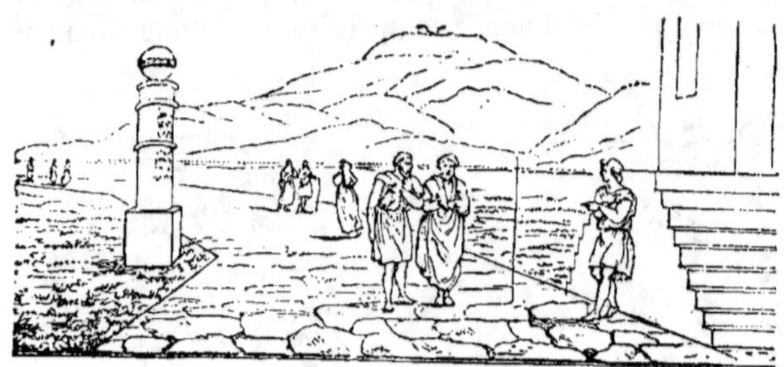

Fig. 27. — Aspect du même paysage d'un point de vue situé à la hauteur
des yeux d'un homme debout.

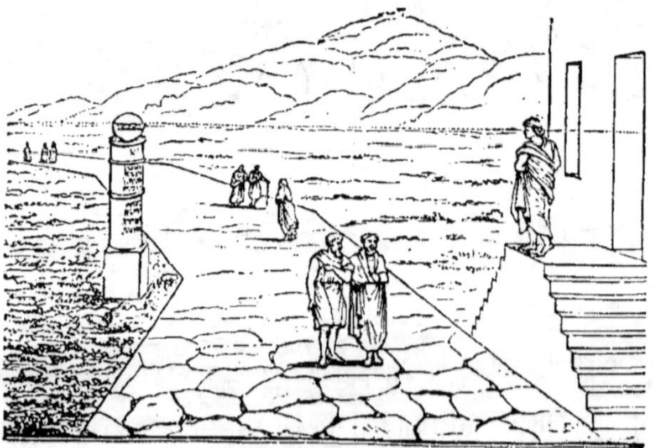

Fig. 28. — Aspect du même paysage d'un point de vue situé à la hauteur
double de la taille humaine.

soit une photocopie sur papier ou sur verre, dans un cadre analogue à celui de la figure 4 (page 9) et à l'examiner avec un seul œil à travers l'œilleton *b* qu'on éloigne ou recule de l'image jusqu'à ce qu'on ait obtenu l'effet maximum.

On peut aussi placer devant l'œil un tube noirci intérieurement ou la main fermée, afin de supprimer la vision des objets environnants.

Un dispositif très pratique consiste à placer l'image (positif sur verre) à la place du verre dépoli d'une chambre noire et à l'examiner à travers une ouverture circulaire d'un à deux centimètres de diamètre, percée dans une planchette montée sur l'avant de la chambre, et remplaçant la planchette d'objectif.

Quand on ne connaît pas le tirage de la chambre lors de la pose, on avance ou éloigne l'œil de l'épreuve, jusqu'à ce qu'on obtienne l'effet maximum.

Mais, jusqu'à présent, nous avons négligé de tenir compte des conditions de la vision. Notre œil ne voit distinctement que les objets situés à une distance dite *distance minima de la vision distincte*. Sa valeur varie avec les individus et, pour chaque individu, avec l'âge. C'est ainsi qu'elle est généralement petite dans l'enfance (moyenne : 12 centimètres), et croît avec l'âge, est plus petite pour un œil myope que pour un œil emmétrope. — Elle peut être considérée comme variant entre 25 et 30 centimètres en moyenne.

Il en résulte qu'une photographie obtenue avec un tirage de la chambre inférieur à la distance minima de vision distincte de celui qui la contemple, ne peut être vue par lui du point de vue exact.

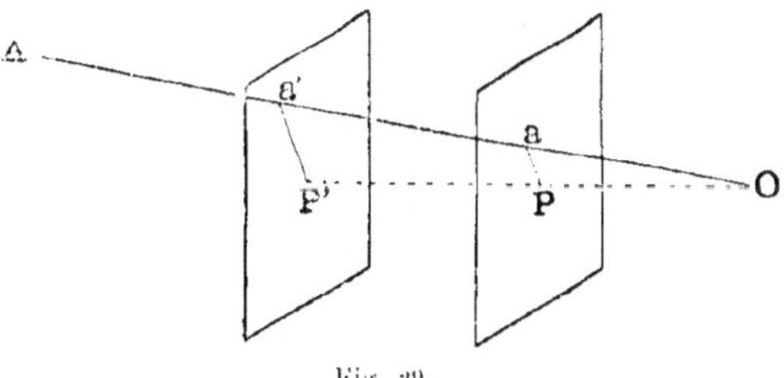

Fig. 29.

On peut obvier à cet inconvénient en amplifiant l'image. La figure 29 montre, en effet, que deux perspectives correspondant à des distances principales OP, OP' différentes sont semblables et que les dimen-

sions homologues aP, a'P'... des divers segments linéaires sont dans
le même rapport que les deux distances principales OP, OP'. Autrement

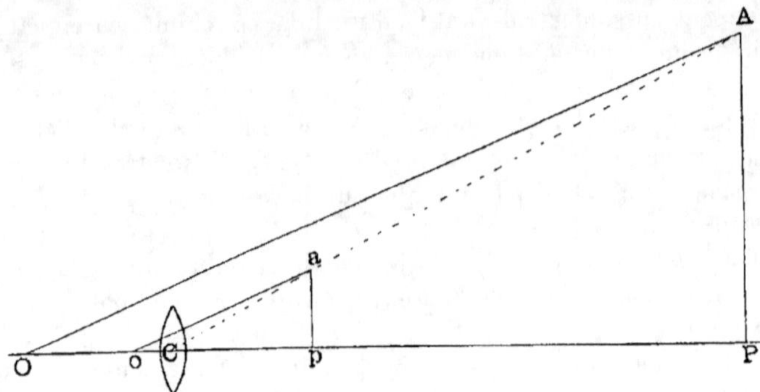

Fig. 30. — Examen d'une photographie à la loupe.

dit, amplifier une photographie dans un certain rapport, revient à lui
en substituer une qui serait prise avec une distance principale plus
grande.

Cette amplification peut se faire soit temporairement au moyen de
la loupe ou d'une lanterne à projections, soit définitivement par un
agrandissement.

Soit LL une loupe (*fig.* 30), O la position de l'œil; on peut toujours
placer le tableau ap de manière que l'image amplifiée AP ait son
point de vue confondu avec l'œil de l'observateur[1].

Dans le cas des projections, le coefficient d'amplification est généralement fixé par les dimensions relatives de l'écran et du cliché à pro-
jeter. Supposons, en empruntant l'exemple numérique au lieutenant-
colonel Moessard (*Annuaire général et international de la Photographie*, 1894, page 135), que ce rapport soit 20 et que la distance de
l'écran au centre de la salle soit de 3 mètres. Il faudra, pour que
l'effet soit aussi vrai que possible, et que tous les spectateurs aient
une sensation peu différente, que le point de vue du tableau projeté

---

[1] Soit OP $= \delta$ la distance minima de vision distincte; a la distance de l'œil à la loupe;
$op = d$ la distance principale primitive; f la distance focale de la loupe. On doit avoir:

$$\frac{AP}{ap} = \frac{\delta}{d} = \frac{\delta - a}{x} \quad \text{et} \quad \frac{1}{x} = \frac{1}{\delta - a} + \frac{1}{f}, \quad \text{d'où } x = f\left(1 - \frac{d}{\delta}\right)$$

x étant la distance à laquelle on doit placer le tableau de la loupe.

soit en O, tel que OP = 3 mètres, ce qui demande que la distance principale des positifs projetés soit 1/20 de 3 mètres, soit 0^m,15 (*fig.* 31).

Seuls les, ou, plus exactement, le spectateur placé en O jouit de tout l'effet; ceux qui sont en avant de O voient les objets agrandis ; pour eux, la vue perd de sa profondeur ; pour ceux qui sont de côté, la perspective est faussée.

Cependant, ces déformations sont d'autant moins sensibles que la distance OP est plus grande.

Ce que nous venons de dire des projections s'applique aussi bien aux grands agrandissements.

L'examen des projections ou des agrandissements présente sur celui des clichés directs un grand avantage. Si, et c'est ce que l'on fait en pratique, on regarde une telle photographie avec les deux yeux, l'absence de la deuxième représentation, relative au second œil, se fait d'autant moins sentir qu'on est plus éloigné du tableau; en outre, la sensation de la surface plane sur laquelle

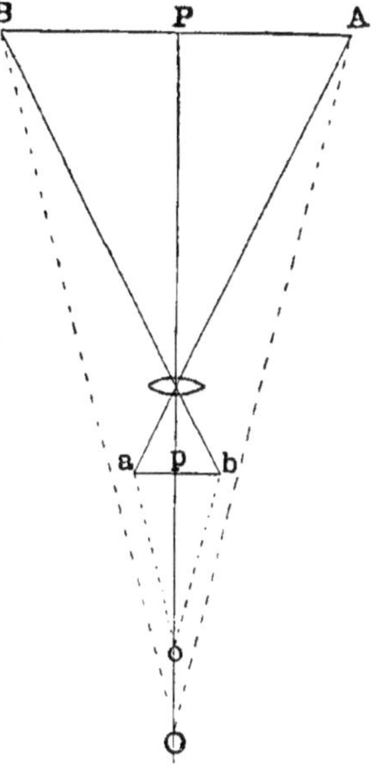

Fig. 31.

est l'image disparaît bien plus facilement que lorsqu'on regarde, avec les deux yeux, un tableau plus rapproché.

C'est ce qui nous explique la préférence donnée aux agrandissements par les artistes composant le Jury d'admission aux expositions d'Art photographique du Photo-Club[1].

---

[1] Les agrandissements sont devenus très pratiques, grâce à l'invention d'appareils automatiques, dont l'un des plus commodes est sans contredit l'*agrandisseur automatique* du système L. Gaumont.

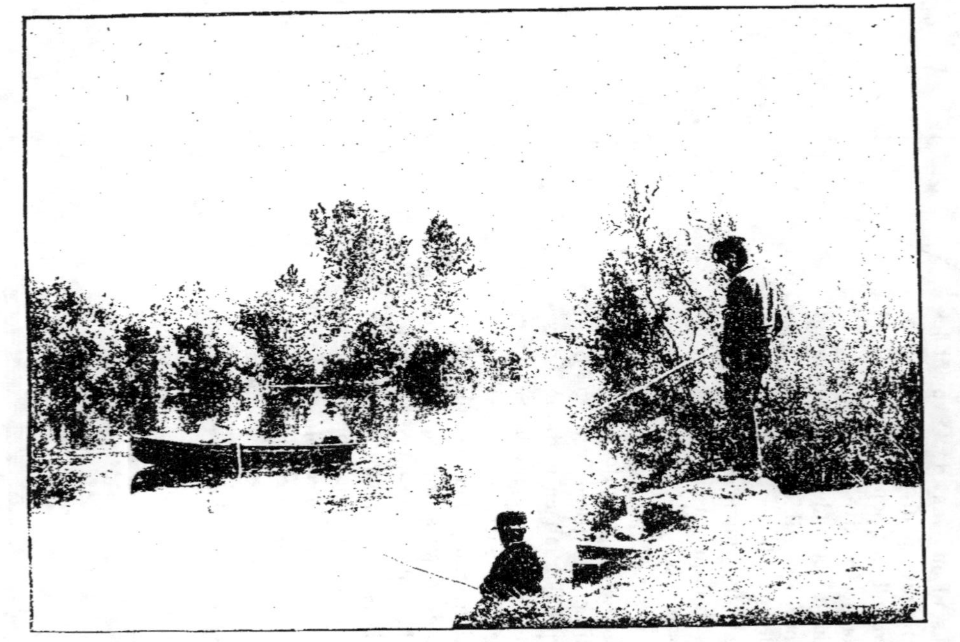

Fig. 32. — Paysage obtenu avec l'objectif déplacé de manière à faire coïncider le point principal et le sujet principal (p. 26).

II

LA PERSPECTIVE AÉRIENNE

Nous avons vu (page 14) que si la théorie semblait indiquer qu'à un même dessin perspectif correspondent une infinité d'objets reconstitués, il n'en est rien dans la pratique et que l'une des principales causes de ce fait résidait dans la distribution des ombres et des couleurs sur le tableau. Nous laisserons ces dernières de côté, la photographie des couleurs n'étant pas encore entrée dans le domaine de la pratique, pour ne nous occuper que de la distribution des ombres, qui doit précisément être d'autant plus parfaite en photographie que nous sommes obligés de nous passer de la couleur, grâce à laquelle bien des défauts de perfection passent inaperçus, en peinture.

Plus un objet est éloigné de nous, moins il nous paraît net ; cette diminution de netteté avec la distance, due aux poussières qui flottent dans l'atmosphère, constitue les effets de la *perspective aérienne ;* les couleurs changent aussi avec les distances, par suite de l'absorption de certaines radiations par les couches d'air et la vapeur d'eau qu'elles renferment : c'est là ce qu'on nomme la *perspective chromatique.*

Théoriquement, l'image photographique examinée convenablement, avec un seul œil, devrait nous présenter la même distribution de lumières et d'ombres que si nous avions regardé l'objet au moment de la pose ; en un mot, qu'elle devait donner sur notre rétine une image identique à celle que l'objet nous aurait donnée, regardé de l'endroit où se trouvait l'objectif.

Mais il n'est pas besoin de réfléchir beaucoup pour comprendre qu'il ne peut en être ainsi.

Un trop grand nombre de facteurs entrent en jeu ; nous les passerons rapidement en revue.

De l'objet

Les diverses couleurs qu'ils présentent jouent un rôle sur lequel nous aurons à revenir, en parlant de l'influence de la plaque sensible et du temps de pose. Contentons-nous, pour le moment, de nous occuper des ombres. Pour en tirer le meilleur parti, il faut choisir convenablement l'éclairage.

Examinons d'abord le cas le plus simple, celui du paysage. Le rôle essentiel est joué par la position du soleil au moment qui a été choisi pour opérer.

S'il est trop haut, « les légers mouvements de terrain, éminences ou dépressions, ne donnent pas d'ombres caractérisées, parce que les différences d'éclairement dans les différentes parties du sol sont trop faibles. Il en est autrement quand le soleil est bas. Alors les éminences, même faibles, donnent des ombres nettes dont le raccourci, par la perspective, fait apparaître la surface du sol sous sa véritable forme » ; d'ailleurs, « aucun touriste ne choisirait l'heure de midi pour voir un site dont il se promet une impression pittoresque, parce qu'il sait que les couleurs sont plus fades et les formes moins accentuées à ce moment qu'à tout autre [1].

On sait d'ailleurs que le meilleur modelé dans la photographie de paysages s'obtient au crépuscule ; nous en verrons la raison en parlant de l'influence des plaques et du temps de pose. Quelle doit être la position du soleil par rapport à l'objectif? S'il est placé derrière lui, c'est-à-dire en face du paysage à photographier, on n'obtient qu'une masse plate, sans détails, sans ombres, ni relief. Au contraire, le relief apparaît quand le soleil est placé de manière à donner une large lumière, sur une partie du tableau, laissant le reste dans l'ombre [2].»

Généralement on indique de ne jamais opérer, le soleil placé devant l'objectif ; cependant on peut obtenir ainsi de très intéressants effets, soit que le soleil figure dans le paysage, soit qu'une ruine, un arbre, un nuage ou un voile le cache.

On rencontre, il est vrai, un certain nombre de difficultés. La lumière directe du soleil arrivant sur la plaque provoque un léger

[1] BRUCKE ET HELMHOLTZ. *Principes scientifiques des beaux arts :* Paris. *Alcan,* éditeur.
[2] Voir ROBINSON. *La Photographie en plein air.* Paris. *Gauthier-Villars.*

voile ; mais qu'importe, comme le fait justement remarquer Robinson,
si l'effet cherché est exprimé précisément grâce à ce voile? d'ailleurs, qui empêche d'abriter l'objectif de la lumière directe du soleil

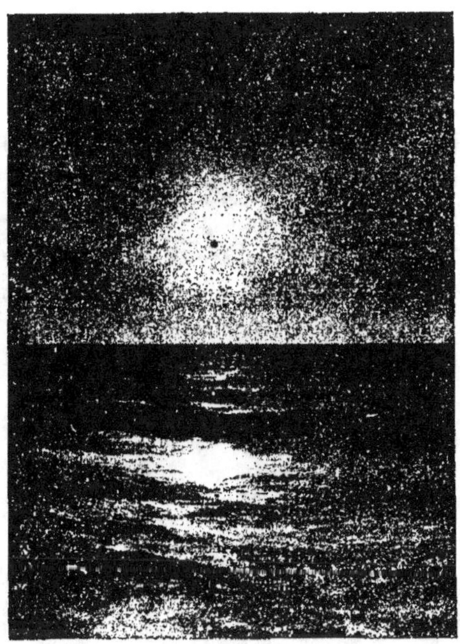

Fig. 33.

au moyen d'un dispositif quelconque, d'un parapluie par exemple ou
d'un cône placé devant la chambre noire, cône dont l'usage semble à
tort se perdre.

Un autre inconvénient résulte de la solarisation et du halo. La première produit une inversion de l'image ; comme le montre la figure 33,
extraite de l'excellent *Cours de photographie* de M. Soret [1], représentant le positif d'un cliché obtenu avec un objectif braqué directement
vers le soleil. Une légère retouche du négatif suffit à corriger ce défaut.

1 A. SORET. *Cours théorique et pratique de photographie*, 2 volumes : *Paris*, Société
d'éditions scientifiques. On y trouvera, tome I, page 158, un chapitre très clair sur la *solarisation* et le *halo*.

La question d'éclairage est beaucoup plus complexe, en ce qui concerne le portrait. Aussi nous contenterons-nous de donner à ce sujet quelques principes généraux, renvoyant, pour le détail, aux ouvrages spéciaux [1].

Le plus simple est d'éclairer le modèle d'un seul côté ; mais il faut que les murs, le plafond, de la pièce où l'on opère réfléchissent suffisam-

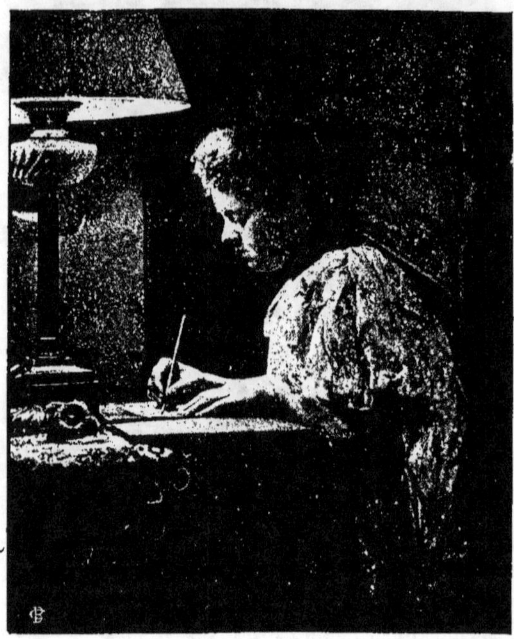

Fig. 34. — Emploi combiné de la lumière du jour et de la lumière magnésique (C. Puyo).

ment de lumière pour éclairer les détails situés dans l'ombre. Si la pièce était tendue de velours noir, l'effet d'un tel éclairage serait désastreux. En un mot le modèle doit être éclairé : 1° par une lumière prin-

---

[1] Voir notamment : KLARY, *Le photographe portraitiste* et C. PUYO, *Notes de photographie artistique*. Nous recommandons tout particulièrement ce dernier ouvrage où le lecteur trouvera de magnifiques modèles illustrant un texte très clair qui donne de précieuses indications sur les effets d'éclairage que l'on peut obtenir avec une installation des plus modestes.

cipale qui donnera les grandes ombres et les grandes lumières ; 2° par
des faisceaux de lumière secondaire, généralement réfléchis, quelquefois directs, destinés à détailler le modèle [1].

La lumière principale ne doit évidemment éclairer le modèle ni de
face, ni par derrière ; on a donné souvent des règles pour la direction
à donner à la lumière principale : la diriger vers la moitié non
raccourcie du visage, la tête du modèle étant tournée de 3/4 ; Léonard
de Vinci indiquait d'incliner la lumière principale à 45° sur l'horizon,
toutes les fois que rien ne demandait un éclairage différent. En réalité,
la direction à donner à la lumière doit varier avec l'objet à reproduire et avec l'effet qu'on désire obtenir ; l'éclairage, caractérisé par
la direction du faisceau principal, pourra être soit normal, soit oblique,
soit à contre-jour.

On remplace souvent la lumière du soleil par une lumière artifi-
cielle ; la lumière électrique donne d'excellents résultats, mais exige
une installation compliquée et coûteuse ; l'éclair magnétique donne
des images manquant en général de modelé, à moins qu'on n'ait
recours à un grand nombre de sources à la fois.

Si on utilise la lumière magnésique non plus seule, mais combinée
à la lumière du jour, il n'en sera plus de même. Elle pourra soit servir
à surmonter quelques difficultés pratiques, à éviter des halos, soit à
produire des effets particuliers, auquel cas elle agira comme lumière
dominante.

C'est ainsi que le capitaine C. Puyo a été conduit à utiliser la lumière
magnésique combinée à la lumière du jour pour produire des effets de
nuit très justes, tels que celui représenté sur la figure 36, que nous
devons à son amabilité [2].

De l'Objectif

L'objectif a une importance assez grande dans le rendu de la *perspective aérienne*. En effet, comme le fait justement remarquer M. Colson[3],
les verres de l'objectif absorbent partiellement la lumière reflétée par

[1] Voir C. Puyo. *Notes de photographie artistique.*
[2] On trouvera le détail des opérations successives à exécuter (*Arrangement et éclairage
du motif, pose et développement du cliché*) dans les NOTES DE PHOTOGRAPHIE ARTISTIQUE de
M. C. Puyo.
[3] COLSON. *La perspective en photographie.* Paris, Gauthier-Villars.

les objets et éteignent facilement les lumières faibles ; il en résulte une exagération des oppositions entre les parties claires et obscures du sujet, facile à constater sur le verre dépoli, exagération d'autant plus prononcée que l'épaisseur de verre que doit traverser la lumière est plus grande, et par suite, que l'objectif est plus compliqué. En outre, les réflexions qui se produisent sur chacune des surfaces, limitant les diverses lentilles, composant l'objectif, ont pour résultat d'introduire à l'intérieur de la chambre noire une certaine quantité de lumière parasite, ne contribuant pas à la formation de l'image, mais qui l'entoure « d'un voile plus ou moins prononcé, qui tend à noyer les détails et à aplatir la perspective (*Colson*) ».

Il en résulte qu'il faut réagir contre la mauvaise tendance que l'on a de se servir d'objectifs couvrant un format supérieur à celui de la chambre employée ; et que, chaque fois qu'on le pourra, on se servira avec avantage de l'objectif simple : ce sont ces raisons qui ont d'ailleurs fait dire de lui qu'il donnait beaucoup de *brillant*.

L'ouverture du diaphragme employé joue aussi un grand rôle dans le rendu et, à ce sujet, nous ne saurions mieux faire que de laisser la parole à M. E. Wallon [1].

« On sait que, théoriquement, l'objectif ne peut donner nettes à la fois, sur la glace sensible, que les images de points situés à une distance bien déterminée ; mais que, pratiquement, il en donne de points situés un peu au-delà ou un peu en deçà de la surface idéale conjuguée de la surface sensible : c'est là ce qui constitue la profondeur de champ, qui augmente lorsqu'on diminue l'ouverture, en prenant des diaphragmes plus petits. Si cette profondeur est insuffisante, l'image a un aspect désagréable, parce qu'elle comprend des parties troubles à côté d'autres qui sont nettes. Mais, pour éviter ce mal, on tombe bien souvent dans un autre : on exagère la profondeur de champ, en diminuant l'ouverture jusqu'à ce que tout soit parfaitement net, du premier plan jusqu'au dernier ; alors l'image est plate ; les lointains semblent s'avancer ; il n'y a plus de vigueurs, plus de couleurs : tout est uniforme et gris.

Pour avoir voulu que tout fût net, on a complètement faussé la perspective aérienne. L'œil n'a pas, lui, une profondeur de champ très grande : s'il peut voir successivement les détails des objets proches et des objets lointains, il ne peut les voir simultanément ; il lui faut, pour passer des uns aux autres, se déformer, s'accommoder à la distance.

Quand nous avons devant nous un ensemble, un paysage, par exemple, cette accommodation se fait d'instinct sur le point le plus intéressant ; le reste alors, sans être trouble, manque de précision ; et c'est cela qui, plus que tout autre

---

[1] *Paris-Photographe.*

chose, nous donne l'impression de l'atmosphère de l'air circulant dans le paysage. Si nous voulons que la photographie nous rende cet effet, il faut bien que nous placions l'appareil dans les conditions où se trouve notre œil. Mis au point sur l'objet qui appelle l'intérêt, l'objectif doit être diaphragmé de telle sorte que sa profondeur de champ ne soit ni insuffisante, ni excessive; certes, c'est là un réglage délicat et qui demande chez l'opérateur une certaine expérience et quelque goût ; mais il est d'une extrême importance qu'il soit bien fait.

L'appareil photographique, quand il s'agit d'art, doit avoir pour but unique de conserver une impression qui, sans lui, ne serait que passagère ; ce n'est que dans les recherches scientifiques qu'il faut lui demander de voir mieux et plus que nos yeux. »

Les considérations précédentes expliquent les effets artistiques qui ont pu être obtenus au moyen de simples verres de besicles et d'une simple ouverture ; la photographie sténopéïque ne déforme pas la perspective aérienne.

De la surface sensible. — De la pose et du développement

L'inégale sensibilité de l'œil et de la plaque photographique ordinaire aux diverses couleurs du spectre produit une différence entre l'effet rendu par la photographie et celui perçu par l'œil. Aussi doit-on chercher à atténuer ces différences le plus possible. Un premier moyen consiste à employer l'ingénieux procédé de la triple pose du professeur Lippmann[1]. Un second, beaucoup plus simple, est d'avoir recours aux plaques orthochromatiques. Bien qu'on puisse facilement orthochromatiser une plaque ordinaire, il est plus aisé d'avoir recours aux préparations du commerce. Nous citerons notamment les plaques PERROT orthochromatisées pour les radiations jaunes et vertes, c'est-à-dire précisément pour les couleurs impressionnant le plus notre œil, et les plaques LUMIÈRE dont il existe trois séries, l'une orthochromatisée pour le jaune et le vert, l'autre pour le rouge et la troisième ayant à peu de chose près la même sensibilité que l'œil aux diverses couleurs ; ces dernières, dites *panchromatiques*, donnent d'excellents résultats, comme on peut en juger par la figure 30, reproduction phototypographique d'un phototype sur plaque panchromatique.

---

[1] Voir: G.-H. NIEWENGLOWSKI ET A. ERNAULT. *Les couleurs et la photographie* (6 fr.) un volume illustré de nombreuses figures et planches, dont deux en couleurs. On y trouvera le procédé de la triple pose et la manière d'orthochromatiser les plaques.

Le temps de pose et le développement, qui doivent marcher de pair, ont aussi une très grande influence sur le rendu de la perspective aérienne, ainsi que la manière dont la lumière est utilisée.

L'influence de ces divers facteurs sur le rendu de l'image a été particulièrement étudiée par le Dr André Broca, de la thèse duquel nous extrayons les intéressantes conclusions [1].

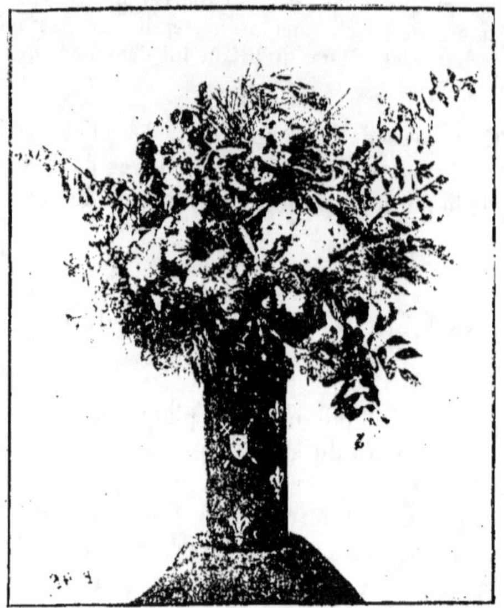

Fig. 35. — Photographie d'un bouquet sur plaque panchromatique Lumière avec écran jaune. — Pose : 45 secondes (phototype *G.-H Niewenglowski* et *H. Emery*).

On obtient des contrastes d'autant plus grands, à intensité d'impression égale, que cette impression aura été obtenue avec moins de lumière et un temps de pose plus long. C'est d'ailleurs au moyen des faibles éclairements qu'on se met le plus possible à l'abri des phénomènes de Halo, ou autres analogues dus à la réflexion ou à la diffusion dans les diverses parties de l'appareil [2] ; leur effet est de noyer les teintes sombres dans une impression due aux lumières plus intenses

---

[1] André Broca. *Études physiologiques, physiques et cliniques sur la vision des éruptions cutanées.* Thèse pour le doctorat en médecine, soutenue le 20 décembre 1893.

[2] Ces phénomènes sont particulièrement gênants dans les études de nu.

des plages voisines; et ces phénomènes sont proportionnellement beaucoup plus faibles avec une faible lumière qu'avec une plus forte.

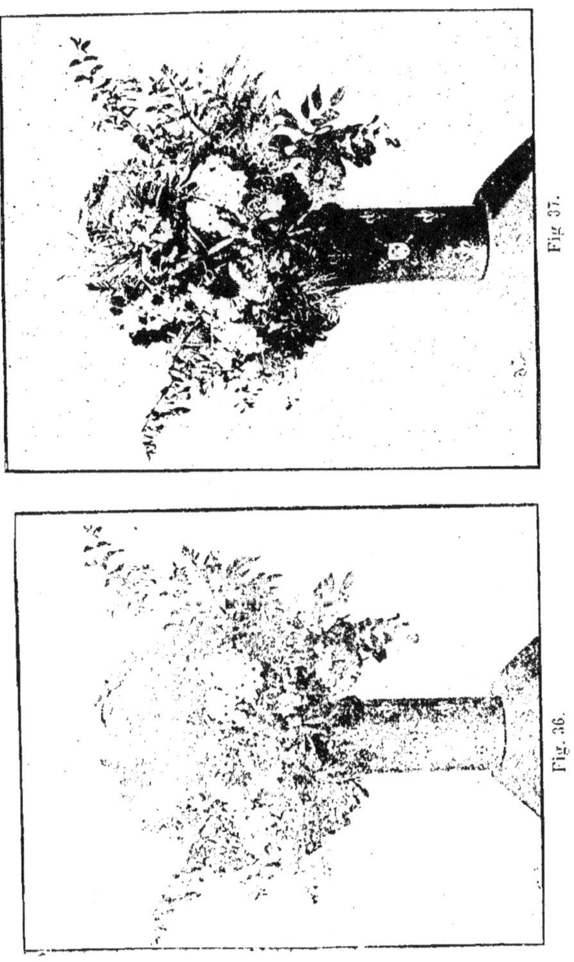

Le modelé dépend de la manière dont sont accusées les ombres extrêmement faibles qui se trouvent dans les parties claires ; or, pour rendre visibles ces détails extrêmement délicats, il faut poser long-temps, avec un faible éclairage. Ces divers résultats s'appliquent aussi bien au rendu des couleurs, comme le montre l'expérience que nous avons faite avec M. H. Émery : la figure 36 est la reproduction d'une photographie de bouquet faite sur plaque extra-rapide Lumière avec un objectif diaphragmé au 1/16 et une pose de deux secondes ; la figure 37 représente la photographie du même bouquet obtenue avec le même objectif, mais diaphragmé à $f/44$, sur une plaque lente Lumière (étiquette rouge) avec une pose de quatre minutes. On voit aisément qu'en opérant ainsi, le résultat obtenu diffère peu de celui donné par la plaque panchromatique. On néglige trop aujourd'hui les préparations lentes qui, outre ces avantages, ont celui d'avoir un grain très fin, se prêtant aux grands agrandissements. On sait combien, pour les mêmes raisons, un paysage photographié au moment du crépuscule présente un modelé plus agréable que pris en plein midi.

Les divers révélateurs ne donnent pas tous les mêmes résultats, même avec les mêmes plaques, également impressionnées ; tandis que les uns donnent des images molles et peu accentuées, les autres donnent des images dures. Un même révélateur donne des résultats différents, selon la vitesse avec laquelle apparaît l'image ; une plaque révélée rapidement ne donne jamais une finesse de détails comparable à celle d'une plaque révélée plus lentement (*Dr Broca*, thèse citée) ; d'ailleurs, plus le développement sera lent, c'est-à-dire plus le bain sera dilué, plus il sera facile de varier les proportions de ses divers constituants, selon la manière de venir de l'image, afin d'obtenir tel ou tel effet.

Il est utile, à ce sujet, de signaler, avec le Dr Broca, que l'addition d'un bromure ou chlorure alcalin au bain de développement a pour action principale d'accentuer les contrastes et non, comme on le croit généralement, de retarder l'apparition de l'image ; c'est en diluant plus ou moins le bain qu'on retardera ou accélérera la révélation.

Résumons. Pour obtenir un bon modelé et, par suite, un bon rendu de la perspective aérienne, il faut employer un bain révélateur dont on puisse aisément faire varier les proportions des constituants ; l'addi-tionner plus ou moins de bromure, selon qu'on veut accentuer plus ou moins les oppositions ; enfin, suivre pas à pas l'opération du dévelop-pement et pour ce, s'éclairer avec une lumière de bonne qualité, n'influençant pas la préparation sensible dont on se sert. Rappelons, à ce sujet, que l'agent révélateur le plus pratique à employer ainsi rationnellement est le pyrogallol[1].

Des photocopies positives

Le choix du procédé qu'on emploiera pour faire le tirage de la photocopie positive et la manière dont on effectuera ce tirage auront aussi une influence marquée sur le rendu. Le choix dépendra surtout du goût de l'opérateur et, pour traiter ce sujet, un volume ne suffirait pas. Nous nous contenterons de renvoyer le lecteur à un intéressant article de M. *Émery*, sur le choix judicieux du mode de tirage, approprié à la qualité du phototype[2].

NOS ILLUSTRATIONS

Nous devons les figures 25, 26, 27 et 28 à l'amabilité de M. ALCAN, l'éditeur de notre ouvrage : *La Photographie et la Photochimie* (1 volume de la Bibliothèque scientifique international).

Le phototype de la figure 32, a été obtenu par M. H. EMERY : sur nos conseils, l'objectif a été déplacé latéralement, de manière que son axe optique rencontre le sujet principal (le pêcheur situé au premier plan) ; c'est-à-dire qu'il y ait coïncidence entre le point et le sujet principaux (Voir page 26).

Les planches photocollographiques doivent être examinées avec un seul œil, placé au-dessus du milieu du tableau, à une distance de 28 *centimètres* pour la *Causette au Village*, de 15 *centimètres* pour l'*Homme de chambre* ; ce dernier tableau a été obtenu avec un objectif grand-angulaire.

Nous devons remercier notre ami et collaborateur H. EMERY d'avoir bien voulu nous aider à mettre au point ce travail, ainsi que M.M. CHÊNE et LONGUET, pour le soin qu'ils ont mis au tirage de nos deux planches hors texte.

---

[1] Voir au sujet du développement et du traitement des plaques orthochromatiques et panchromatiques : les *Leçons élémentaires de photographie pratique* de M. G.-H. Niewen-glowski (1 franc).

[2] *La Photographie*, n° du 1er janvier 1897.

TABLE DES MATIÈRES

Tours, imprimerie Deslis Frères.